책세상문고 · 우리시대

프랑스의 문화전쟁
공화국과 이슬람

책세상문고 · 우리시대

프랑스의 문화전쟁
공화국과 이슬람

박단

책세상

프랑스의 문화전쟁 — 공화국과 이슬람 | 차례

책을 쓰게 된 동기 6
들어가는 말 13

제1장 문화전쟁의 배경: 북아프리카인의 이주
1. 새로운 물결 23
2. 알제리인의 이주 25
3. 이민자에 대한 프랑스인의 태도 27
4. 동화의 어려움 32

제2장 '프랑스-프랑스 전쟁': 1989년의 '히잡 사건'과 그 의미
1. 프랑스판 문화전쟁? 39
2. 1989년 '히잡 사건' 41
　(1) 사건 따라잡기 41
　(2) 반응, 파문 그리고 끝나지 않은 '전쟁' 44
3. 히잡 착용의 의미 53
　(1) 히잡 착용의 일반성과 특수성 53
　(2) 1989년 당시의 히잡 착용의 의미 54
　(3) 히잡 착용: 강제와 타협 사이 56
　(4) 히잡 착용: 정체성을 찾아서 60
　(5) 히잡 착용: 학교 담을 넘어서 66

제3장 공화국의 단호함: 금지법 제정과 그 명분
1. 논쟁의 재점화 71
2. 히잡 착용에 대한 정치권의 논의 72
　(1) 시라크 대통령의 입장 72
　(2) 우파 정치인들의 입장 75
　(3) 좌파 정치인들의 입장 82
3. 공화국의 단호함: '3월 15일 법'의 제정과 그 명분 87

제4장 공화국의 또 다른 얼굴: '인종 없는 인종주의'
1. 히잡 착용과 이슬람혐오주의 97
    (1) 히잡 착용에 대한 프랑스인들의 인식 97
    (2) '히잡 사건'과 이슬람혐오주의의 강화 101
2. '인종 없는 인종주의': 민족전선의 신인종주의 107
    (1) 민족전선과 신인종주의: 이론 107
    (2) 민족전선과 신인종주의: 활동 111
    (3) 민족전선의 영향력 확대와 기존 정당들의 '모호한 동의' 115

제5장 공화국의 딜레마: 동화주의와 다문화주의 사이에서
1. 프랑스 공화국의 고민 131
2. 무슬림 이민에 대한 동화 정책과 어려움 133
3. 새로운 통합 방식의 모색 139
    (1) 동화주의 대 다문화주의 139
    (2) 프랑스의 다문화주의 정책: 이상과 현실의 괴리 142
    (3) '두 문화'의 화합을 위하여 145

맺는말 — 열린 공화국을 위하여: 편견과 무지의 제거 148

주 156
더 읽어야 할 자료들 191

이 책을 쓰게 된 동기

2004년 8월 20일, 프랑스의 기자 조르주 말브뤼노와 크리스티앙 셰노, 그리고 그들의 운전사이자 통역자인 시리아인 모하메드 알-준디가 이라크에서 한 이슬람 무장 단체에 의해 납치당하는 사건이 발생했다. 이 사건은 우리나라의 김선일 씨 납치 사건이나 이탈리아, 미국, 영국 등 다른 나라 사람들의 납치 사건과 성격이 조금 달랐다. 납치범들의 요구 사항은 바로 2004년 3월 15일에 제정된 프랑스의 '공립학교 교내에서 무슬림 여학생들의 히잡(머리를 가리기 위해 착용하는 일종의 스카프) 착용을 금지하는 법'을 폐기하라는 것이었다. 두 기자의 석방에 대한 낙관적인 전망이 이어졌음에도 불구하고 이들은 쉽게 풀려나지 못하다가 피랍 4개월 만인 12월 22일에야 비로소 조국의 땅을 밟을 수 있었다. 이들이 납치되어 있던 처음 얼마 동안은 프랑스의 학교들이 납치범들을 자극하지 않기 위해 히잡 착용을 고수하는 여학생들을 퇴학시키지 않았으나, 10월 19일 뮐루즈에서 처음으로 두 명의 여중생이 퇴학당한 데 이어서, 12월 18일까지는 프랑스 전국에서 총 43명의 여학생들이 퇴학 조치를 당했다.[1]

모든 국민의 시선이 납치된 두 기자의 안전 문제에 집중되어 있음에도 불구하고 납치범들의 요구대로 법령을 폐기하기는커녕 오히려 그 법을 더욱 강력하게 시행한 프랑스 공화국의 입장을 우리는 어떻게 이해해야 하는가? 사실 외국인들로서는 프랑스가 대내외적으로 많은 비판을 받으면서까지 무슬림 여학생들의 히잡 착용을 금지하려는 이유를 이해하기 어렵다. 자유·평등·박애의 나라로 알려진 프랑스가, 겨우 '천 한 조각'을 머리에 썼다고 국민의 기본권 가운데 하나인 학습권을 박탈한다는 사실이 그저 놀라울 따름이다.

이 문제에 대해 프랑스 공화국은 20세기 초 이래 자국이 고수해온 정교 분리 원칙을 공화국의 성소(聖所)라고 할 수 있는 공립학교 내에서 철저히 지켜야 하기 때문이라고 답한다. 그러나 이 법의 반대론자들은 그 직접적인 대상이 히잡임을 들어 이를 특정 집단에 대한 차별로 간주하고 있다. 결국 이러한 '공립학교 내에서의 종교적 상징물 착용 금지'를 둘러싼 논쟁은 프랑스의 '세속 문화'와 '이슬람 문화' 사이의 충돌, 즉 프랑스판 문화전쟁으로 볼 수 있을 것이다.

이 사건을 접하면서, 나는 유학 생활 중 경험한 몇 가지 사건을 떠올렸다. 나는 1988년 3월부터 1995년 10월까지 약 7년 반 동안 프랑스에 머무르며 여러 지역을 돌아다녔는데, 그러는 중에 가끔 알제리인들을 만날 기회가 있었으며, 이들을 만나면서 이민 문제, 식민지 문제, 인종 차별 문제 등에 관해 처음으로 구체적인 관심을 갖게 되었다. 아마 나 역시 식민지 경험의 역사를 지닌 민족의 후손이어서 과거의 식민지인에 대한 본국인의 차별 문제에 공감이 갔던 모양이다.

내가 겪었던 몇 가지 경험을 나누어보자. 1994년 12월 어느 날 새벽 다섯 시, 아내와 나는 뜨거운 커피와 빵 한 조각을 가방에 넣고 체류증 발급에 필요한 서류를 검토한 후 차의 시동을 걸었다. 약 20분 후 크레테유 도청 앞에 도착했을 때, 정문에는 이미 10여 명의 사람들이 와 있었다. 그들 가운데 어떤 이는 줄을 확보하기 위해 자기 옷을 도청 문에 매어놓은 채 차에서 잠을 자고 있었다. 한 흑인은 1980년대 후반의 어느 해가 몹시 추웠다는 등의 이야기를 늘어놓고 있었는데, 그 말에 나는 처음으로 '아프리카인들에게는 프랑스의 겨울이 정말 춥겠구나'라는 생각을 하게 되었다. 이렇게 잠시 이런저런 생각을 하다 보니 어느덧 아홉 시가 되어 도청 문이 열렸다. 그러자 모두들 조금이라도 앞줄에 서기 위해 정문에서 본관 건물까지 50여 미터를 앞 다투어 뛰었다. 내 차례가 다가올수록 점점 초조해졌다. 내 딴에는 완벽하게 준비했지만 무슨 서류로 꼬투리를 잡힐지 모르기 때문이었다. 앞에서 한국 여학생 하나가 울음을 터뜨리며 프랑스어로 "저는 프랑스를 사랑합니다"를 연방 외치고 있었다. 발음으로 보아 프랑스에 온 지 얼마 안 되는 학생 같았는데, 무슨 서류를 빠뜨린 모양이었다. 잠시 후 내 차례가 되었다. 아니나 다를까, 지도교수가 작성한 추천서에서 연도를 고쳐 쓴 부분이 문제가 되었다. 글씨체가 같아 별 문제 없을 거라고 생각했는데 '퇴짜'를 맞은 것이다. 그때 마이크를 통해 '알제리인들은 모 창구에 줄을 서라'는 신경질적인 여자 목소리가 흘러나왔다. 그러자 허름한 차림의 알제리 노인들이 우왕좌왕했다. 그 후 나는 학교로 돌아와 지도교수를 만났다. 새로 편지를 써주는 그에게 '프랑스에서 체류증 갱신하기'와 관련해 내가 겪은 불쾌한 경험을 이야기했다. 그는 아마 알제리인들에게는 차별이 훨씬 더 심할 것이라고 이야기했고, 그때 불현듯 도청에서 들었던 앙칼진 목소리가 떠올랐다.

두 번째 이야기. 나는 박사 논문 자료를 수집하기 위해서 파리에서 북쪽으로 약 200킬로미터 떨어진 릴에 자주 머물렀는데, 그때마다 식비를 아끼기 위해서 자료를 찾던 고문서 보관소에서 멀리 떨어진 대학 식당까지 가서 식사를 하곤 했다. 그러던 어느 날, 그날도 역시 혼자 앉아 식사를 하고 있는데, 내 앞에 한 알제리 노인이 앉았다. 그는 앉자마자 나에게 어느 나라에서 왔느냐, 무엇을 공부하느냐 등 여러 가지를 묻더니 갑자기 프랑스인들에 대한 내 생각을 물었다. 말끝마다 "내 친구!"를 덧붙이며 잔잔한 미소를 짓던 그는 내가 채 대답을 하기도 전에 프랑스인에 대한 엄청난 분노를 드러냈다. 그는 프랑스인들은 전부 인종차별주의자라고 몰아붙였는데, 나는 그때까지 많은 프랑스 친구들의 친절함에 감명을 받은 터라 그의 말에 쉽게 동의할 수 없었다.

그러나 또 다른 알제리인을 만난 후 그들의 프랑스인들에 대한 적개심이 얼마나 뿌리 깊은지 실감할 수 있었다. 자료를 보기 위해 리옹 남쪽에 있는 생테티엔에 머무를 때였다. 직업청소년을 위한 숙소에 방을 얻은 나는 저녁 식사 후 도시를 구경하기 위해 이 골목 저 골목을 돌아다니던 중 우연히 프랑스인으로 보이는 십대 중반의 한 소녀와 일고여덟 살쯤 되는 그녀의 여동생과 이야기를 나누게 되었다. 그러나 그들은 뜻밖에도 알제리인들이었고 나에게 프랑스인들의 인종 차별에 대해 이야기했다. 자신들을 알제리인이라고 소개한 이 소녀들은 초

면인 나에게도 서슴지 않고 프랑스인들의 인종 차별적인 행태에 대해 이야기하는 것으로 보아, 분명 나도 인종 차별적인 대우를 받았을 것으로 생각하는 것 같았다. 나는 그들의 말에 대충 동의를 해주었고, 그들과 헤어져 돌아오는 길에 왜 저런 어린아이들까지도 프랑스인들에 대해 적개심을 품게 되었을까 생각해보았다. 또한 내가 아는 프랑스인들이 왜 나에게는 그런 모습을 보이지 않을까 하는 생각도 해보았다.

내가 처음 프랑스에 도착하자 많은 한국 유학생들이 아랍인들을 조심하라는 당부를 했다. 상황이 이렇다 보니 우리 유학생들은 마치 자신이 프랑스인이라도 된 양, 아랍인을 무시하고 그들을 '도둑놈', '사기꾼'으로 취급하곤 했다. 그러던 중 나의 유학이 끝날 무렵인 1994년에 프랑스에서 '히잡 사건'이 재발했다. 유학 생활 초기인 1989년에 일어난 첫 번째 히잡 사건 때에는 특별한 느낌이 없었는데, 1994년에 재발한 히잡 사건은 내가 관심을 가지고 보아서 그런지 보다 직접적으로 와 닿았다. 학교는 왜 무슬림 여학생들에게 히잡 착용을 금지하는가? 마찬가지로 왜 이들은 기어이 학교에 히잡을 쓰고 가기를 고집하는가? 정교 분리 원칙과 히잡 착용 금지는 어떤 관계가 있는가? 이러한 의문들을 갖게 된 나는 후일 이에 관한 연구를 할 요량으로 자료를 수집하기 시작했다.

'양차 대전 사이의 프랑스 노동조합 통합 문제'라는 주제로 학위 논문을 쓰는 과정에서 나는 특히 이 시기의 이민 노동자 문제에 관심을 갖게 되었다. 당시의 이민 노동자는 주로 폴란드인과 이탈리아인으로 같은 유럽계였음에도 불구하고, 프랑스 노동자들은 이들을 적대시했다. 심지어 '인터내셔널리즘'을 모토로 하는 프랑스 노동조합원 및 공산주의자들조차도 자국 노동자와 이들 '열등한 민족'에 대해 이중적 태도를 취했다. 왜 이들은 입으로는 "만국의 노동자여, 단결하라!"를 외치면서 실제로는 이민 노동자에게 적대감을 나타내는가? 경제 공황으로 인한 실업의 위기 앞에서는 이민 노동자들에게 형제애를 표시할 수 없는 것인가? 앞서 언급한 경험과 이러한 문제 의식을 바탕으로, 나는 점차 현재 프랑스가 지닌 이민자 문제——특히 북아프리카 이민자에 대한 프랑스인들의 차별 대우 및 적대감——에 관심을 갖게 되었다. 프랑스인에게 우선적으로 일자리를 주어야 한다거나 '문화와 종교'가 다른 마그레브인들(북서아프리카인들)을 본국으로 돌려보내야 한다는 등의 극우 정당 민족전선Front National의 주장과 관련해 한 프랑스 노동자가 텔레비전에 나와 당수인 장-마리 르 펜Jean-Marie Le Pen을 편들며 "나는 장-마리 르 펜을 사랑하고, 그의 말에 전적으로 공감하며, 그야말로 진정한 프랑스인이다"라고 외치던 모습이 잊히지 않는다. 이러한 프랑스인들의 태도는 1930년대 경제 위기 시절의 프랑스 노동자들의 태도와 별로 다르지 않다. 결국 좌파든 우파든 프랑스인들은 이민자를 한 무리의 '침략자'로 바라보는 데에 있어서는 커다란 입장 차이가 없는 듯하다.

나는 2004년 1년간 다시 프랑스에서 무슬림 여학생들의 히잡 사건을 연구했다. 파리에 체류하면서 히잡을 착용한 여학생들의 이야기와, 이에 반대하는 '프랑스인들'의 이야기를 모두 들어보고 싶었다. 충분한 시간은 아니었지만 책에서 얻을 수 없는 많은 것을 느낄 수 있었다. 동네 병원 의사에서부터 이웃에 사는 아들 친구인 다미앵 랑젤라의 아버지, 체류증 교부 장소에서 만난 히잡 쓴 '백인 프랑스' 아줌마, 파리 시내의 검도 도장에서 만난 히잡 쓴 여학생 소니아 아이아리와 공립학교 교사인 요한 아비노, 2004년 1월 '종교적 상징물 착용 금지법' 반대 시위에서 만난 여러 무슬림 소녀들에 이르기까지, 이들 모두의 이야기는 귀중한 '자료'가 되었다. 또 무엇보다도 2004년이 히잡 사건이 정점에 이른 시기였다는 점에서 나에게는 더욱 좋은 기회가 되었다.

 이 책은 내가 '프랑스의 문화전쟁'이라는 문제 의식 하에 5년여 동안 집필한 몇 편의 논문을 근간으로 하고 있다. 이 논문들은 한성대학교의 교내 연구비와 학술진흥재단의 대학교수 해외방문연구 지원을 밑거름으로 한 결과물이다. 연구에 도움을 준 두 기관에 다시 한번 감사의 뜻을 밝힌다. 또한 내가 이 주제를 천착할 수 있게 된 데에는 한양대학교 비교역사문화연구소 김용우 박사의 도움이 컸다. 자료 제공에서부터 많은 유익한 조언에 이르기까지 김 박사의 도움이 없었다면 이 책이 나오는 데 적지 않은 어려움이 있었을지 모른다. 끝으로, 바쁜 중에도 초고를 읽고 유익한 조언을 해준 한성대학교 박준철 교수에게도 깊은 감사의 마음을 전한다.

들어가는 말

　새 천 년 들어 유럽 각국의 선거에서 극우파의 성장이 두드러지고 있다. 2002년 프랑스 대선에서 민족전선의 당수인 르펜이 2차 결선 투표에 진출한 것이나, 2003년 영국 지방 선거에서 극우 정당인 영국민족당British National Party이 번리 지방 의회에서 7석을 차지하여 그 지역의 두 번째 정당으로 성장한 것, 그리고 네덜란드의 극우 정치인 핌 포르토인Pim Fortuyn이 광범위한 지지를 획득한 것 등이 예삿일로 보이지 않는다.[2] 오스트리아와 이탈리아에서는 외국인을 혐오하는 정당들이 연정 파트너로서 집권했고, 덴마크에서는 우파 소수 정권이 극우파인 '이민을 반대하는 정당'과 협약을 맺었다. 이 밖에도 벨기에의 안트베르펜에서는 극우파 후보들이 지난 수년간 지방 선거에서 승리했으며, 독일 함부르크에서도 극우 정당이 집권 연정에 참여했다. 2004년 9월 독일의 브란덴부르크와 작센 지방 선거에서는 극우 정당의 지지율이 의회에 진입할 수 있는 5퍼센트를 넘어섰다.[3] 위에 언급한 모든 정파들은 공통적으로 반이민 혹은 자국민 우선 정책을 주장하고 있다.

　이처럼 이민 문제와 그에 따른 민족 정체성 문제는 프랑스뿐만 아니라 유럽 전체에서 현실 정치의 쟁점으로 부상했다. 이들 국가에서는 유럽 통합 문제와 함께 인종 차별 문제가 다시 등장했고, 동유럽에서도 공산주의 붕괴 후 민족주의가 우세해

짐으로써 제2차 세계대전 이후 해소된 것처럼 보였던 다양한 문제가 다시 출현했다. 오늘날 유럽 사회를 뒤흔들고 있는 이러한 움직임은 제1차 세계대전 이후 전쟁의 후유증과 경제 공황으로 인해 겪게 되었던 위기 국면과 매우 흡사하다.

프랑스는 유럽의 다른 어떤 나라보다도 이민 문제와 타 종교 및 타 문화와의 갈등을 가장 먼저, 그리고 첨예하게 겪은 나라라고 할 수 있다. 오늘날 프랑스에서 이민자라 하면, 일반적으로 북아프리카와 그 이남 아프리카 출신자를 의미한다. 사실, 어찌 이민이 이들뿐이겠는가? 프랑스에는 이민 초기는 물론 현재에도 수적으로는 이웃 유럽 국가 출신의 이민이 훨씬 많다. 그럼에도 이처럼 마그레브인들이 이민의 대명사로 인식되는 것은 프랑스를 비롯한 유럽 각국에서 무슬림 이민자들에 대한 인종주의 문제가 가장 중요한 정치적·사회적 이슈가 되고 있기 때문이다.[4]

19세기 말 제2차 산업 혁명 이후 본격적으로 외국인 노동자를 '수입'하기 시작한 프랑스에서는 제2차 세계대전 직후까지만 해도 이민과 관련된 인종주의 문제가 두드러지지 않았으나, 최근 30~40년 동안에는 이 문제가 커다란 사회 문제 가운데 하나로 대두되었다. 왜냐하면 최근의 이민은 그 이전의 유럽계 이민과는 질적으로 상당히 다르기 때문이다. 주지하다시피 19세기 말 이전에 프랑스에 온 예술가, 기술자, 상인, 심지어 정치인조차도 프랑스인들과 거의 마찰을 빚지 않았다. 또한 19세기 말 이후 인접한 유럽 국가로부터 대규모로 이주하기 시작한 이민 노동자들 역시 프랑스인들과 정체성 갈등을 일으키지는 않았는데, 이는 그들이 단지 민족 차별에 근거한 '열등한 민족'으로서 인식되었기 때문이다. 예컨대, 이민 노동자의 수가 정점에 이르고[5] 심지어 경제 위기가 한창이던 때인 1930년대에도 프랑스에서는 이민 노동자에 대한 민족 차별은 있었지만, 뿌리 깊은 반유대주의를 제외하고는 인종 차별은 거의 없었다.[6] 이처럼 외국인 노동자들이 대규모로 프랑스에 유입되었음에도 불구하고 프랑스인들과 큰 마찰 없이 지낼 수 있었던 것은 이들이 프랑스인과 동일한 종교와 문화를 가진 유럽계 이민자들이기 때문이었다.

그러나 제2차 세계대전 이후 대규모로 프랑스에 유입된 북아프리카 출신의 이민자들은 인종적으로나 문화적·종교적으로 프랑스인들과 매우 상이했다. 더욱이 이들은 처음에는 노동 이민으로서 단신으로 프랑스에 왔으나, 1970년대 이후 정착 이민으로 전환되면서 프랑스에서 가정을 이루게 되었다. 이러한 변화에 따라 이민 2세대가 본격적으로 등장했고, 프랑스의 사회문화는 새로운 '풍경'으로 변모했다. 새로운 정착지에서 '수줍음'으로 한 세대를 보낸 부모들과 달리, 프랑스에서 태어난 이민 2세대들은 자신들의 정체성과 관련된 여러 '사건들'을 겪으면서 부모와의 '투쟁'을 불사하고 이제 자신들의 문화적·종교적 정체성을 찾기 시작했다. 그런 까닭에 이들은 프랑스의 '세속 문화'와 충돌을 일으킬 수밖에 없었다. 히잡 사건은 이런 충돌 가운데 하나였으며, '프랑스-프랑스 전쟁'이라는 하나의 상징으로서, 20세기 후반의 대표적인 '문화전쟁'의 단초가 되었다.

이 책의 첫 번째 장에서는 문화전쟁의 배경이 되는 20세기 후반의 북아프리카인들의 프랑스 이주 문제를 개괄적으로 살펴볼 것이다. 여기서는 프랑스인들의 이민에 대한 태도, 이민자들을 동화시키려는 프랑스 정부의 통합 정책, 이민자들의 부적응 및 문화 충돌 문제 등이 기술될 것이다.

두 번째 장에서는 북아프리카 이민, 특히 이들 2세대의 등장으로 인하여 프랑스에서 발발한 문화전쟁을 사례와 함께 구체적으로 살펴보고자 한다. 프랑스 내에 거주하고 있는 무슬림들은 어떠한 면에서 프랑스인들의 '세속 문화'와 충돌하고 있는가? 이 두 문화는 조화를 이룰 수 없는가? 이러한 문제들을 다루기 위하여 나는 1989년 크레유에서 발생한 교내에서의 히잡 착용에 대한 논란을 분석할 것이다. 이 히잡 사건을 들여다보면 프랑스 공화국과 무슬림 이민, 이 두 집단 간의 입장 차이뿐만 아니라 히잡 착용의 본질적인 의미까지도 이해할 수 있을 것이다.

세 번째 장에서는 히잡 사건과 관련한 정치권 내의 논의와 프랑스 공화국의 단호한 입장이 반영된 '종교적 상징물 착용 금지법'의 제정에 대하여 살펴볼 것이다. 히잡 사건과 관련한 논란은 학계와 종교계 등을 거쳐 마침내 정치권으로 넘어오게 된다. 이 장에서는 정당의 이데올로기와 이 사건에 대한 입장의 상관 관계, 여야 대다수의 합의로 금지법이 제정되는 과정 등, 그 논란의 전모를 살펴보는 동시에 프랑스 공화국의 명분인 정교 분리 원칙의 의미를 고찰할 것이다.

네 번째 장에서는 프랑스 공화국의 또 다른 얼굴, 즉 '모든 시민이 기원, 인종, 종교에 관계없이 법 앞에 평등하다'고 이야기하는 공화국 내에 만연한 이슬람혐오주의에 대해 다룰 것이다. 프랑스 공화국은 교내에서의 히잡 착용을 금지하기 위한 명분으로 정교 분리 원칙을 내세우고 있지만, 사실 그 금지 조치에는 프랑스인들에게 내재된 무슬림 이민자들에 대한 두려움과 혐오감이 더 크게 작용했을 것으로 보인다. 이 장에서는 극우파들이 이러한 '두려움'을 어떻게 논리화했으며, 이들의 활동이 다른 정당들에게 어떠한 영향을 미쳤는지 살펴보는 것이 목적이다.

다섯 번째 장에서는 프랑스의 동화주의 정책과 다문화주의 정책에 대하여 살펴볼 것이다. 프랑스는 1789년 혁명 이래 궁극적으로 '단일하고 분리될 수 없는 공화국'을 추구하고 있으며, 이러한 원칙이 문화전쟁의 한 축을 담당하고 있다. 이 '전쟁'에서 승리하기 위해 이 원칙을 끝까지 고수해야 하는가? 아니면 무슬림 이민의 '차이에 대한 권리le droit à la différence'를 인정해야 하는가? 무슬림의 정주(定住)로 딜레마에 빠져 있는 공화국의 이념과 현실을 살펴보고 프랑스 공화국과 무슬림 이민이라는 두 문화가 화합하기 위한 대안을 모색해본다.

끝으로 나는 프랑스의 이러한 문화전쟁을 통해 우리 자신을 되돌아보고자 한다. 이러한 문화 갈등이 과연 프랑스만의 문제일까? 최근 유럽에서의 문화 충돌로 가장 커다란 주목을 받은 사건은 2004년 11월 2일 발생한 네덜란드 영화감독 테오 반 고흐Theo Van Gogh의 피살 사건이다. 그는 무슬림 여성의 인권을 다룬 〈굴종Soumission〉이라는 영화를 제작한 것 때문에 모로코 이민 2세 네덜란드인에게 살해당했다. 살인자는 네덜란드에서 태어나 자랐지만, 네덜란드의 문화와 사고방식에 동화되지 못한 수많은 이민 2세대 중 한 명이다. 이 사건은 유럽 전체를 통틀어 가장 문화적으로 개방된 곳으로 평가받는 네덜란드뿐만 아니라 이웃 나라에서도 무슬림 이민자들의 이미지를 악화시키는 계기가 되었으며, 무슬림 이민의 서구 문명에의 동화 문제를 다시 한번 생각하게 만들었다. 최근한 여론 조사에서는, 전혀 뜻밖에 네덜란드가 스웨덴에 이어 두 번째로 유럽에서 이슬람혐오주의가 심각한 곳으로 나타났는데, 이도 반 고흐 살해 사건의 여파로 볼 수 있겠다.[7]

이처럼 유럽 국가들이 겪고 있는 이민자들과의 문화 충돌의 문제가 우리에게는 '강 건너 불'일까? 우리나라에서도 이주 노동자 문제가 단순히 경제적·사회적 문제로 그치지 않고 더 나아가 종교적·문화적 문제로 확대될 가능성은 얼마든지 있다. 특히 단일 민족의 신화가 뿌리 깊은 우리나라에서는 이질적인 문화와 종교를 지닌 외국인의 이주 문제가 꽤 심각한 문제로 부각될 수도 있을 것이다. 더욱이 출산율이 계속 감소하는 우리의 상황은 이주 노동자를 크게 증가시킬 것이고, 그동안 상존해온 외국인 노동자에 대한 차별, 무시 등을 고려하면 우리의 상황이 유럽의 상황보다 오히려 더 심각할 수도 있을 것 같다. 결국 이 문제는 더 이상 남의 나라 일이 아니며, 이 문제를 경제적·사회적 측면에서만 파악해서도 안 될 것이다.

여기서 '우리는 왜 역사를 배우는가?'라는 질문을 해보자.

역사는 현재와 과거의 대화일 뿐만 아니라 현재 살고 있는 우리와 '그들', '그들'과 우리의 대화이기도 하다. 프랑스의 문화전쟁은 상대방에 대한 무지에서 비롯된 막연한 두려움이 편견을 초래한다는 사실을 시사한다. 또한 역으로 타 문화에 대한 편견과 두려움이 그 문화에 대한 무지를 키운다는 것을 깨닫게 해준다. 이를 극복하기 위해서는 '그들'의 문화와 역사를 알기 위해 노력해야 한다. '그들'과 '우리' 사이의 공통점과 차이점을 이해함으로써 무지에서 오는 막연한 두려움과 편견을 떨쳐버릴 수 있을 때, 비로소 두 문화는 화해의 길로 접어들 수 있지 않을까? 여기에는 물론 '그들'의 노력도 더해져야 할 것이다.

제 1 장

문화전쟁의 배경
북아프리카인의 이주

1. 새로운 물결

 프랑스는 유럽 다른 국가의 이민 노동자들을 단지 '열등한 민족'으로 여긴 데 반해 마그레브 이민 노동자들에 대해서는 '가까이하고 싶지 않은' 존재로 여겼으며, 프랑스 극우파들이 이런 마그레브 이민 노동자들과의 문화적 차이에 대하여 공공연하게 이야기하기 시작한 것은 20세기 후반에 들어와서였다. 마그레브인들의 이주 물결은 제1차 세계대전 후부터 시작되었지만[8] 제2차 세계대전 직후에도 이들은 여전히 프랑스 이민자 중에서 소수였으며,[9] 20세기 후반이 되어서야 비로소 다수를 차지하게 되었다. 이들은 프랑스가 노동 집약적인 기초 산업을 육성한 1947년부터 프랑스의 경제 성장과 재건을 떠맡게 되었다. 전쟁으로 인해 노동력이 부족하던 상황에서 알제리인들은 이 당시 프랑스에 유입된 30만 명의 이주 노동자 가운데 이탈리아인과 함께 대다수를 차지했다.[10] 이로 인해 1946년부터 1954년 사이에 프랑스 내 이민 인구 구성비는 현격히 변했다. 구체적으로 보면, 유럽인의 비율이 약 89퍼센트에서 79퍼센트로 감소한 반면, 북아프리카인, 특히 알제리인의 이주는 이 시기부터 꾸준한 증가세를 보였다.[11]

 이 시기에 알제리인의 이민이 증가하게 된 배경은 어디서 찾을 수 있는가? 우선 꼽을 수 있는 것은 전후 이탈리아의 경제 성장이다. 그동안 프랑스의 주요 노동력이었던 이탈리아인들이 제2차 세계대전 이후에는 외국으로의 이주를 '자제'함으로써 프랑스 내에서도 이들의 수가 실질적으로 감소했다. 또한 알제리인 이민의 증가는 프랑스 내의 취업 인구 감소와도 관련이 깊다. 실제로 프랑스에 이민자들이 쇄도한 것은 1955년부터라고 할 수 있는데, 이때는 프랑스 경제가 팽창 국면에 들어선 시점이다. 이 시기에는 새로운 에너지 자원의 활용, 대규모 건설 공사, 주택 건설, 제철, 화학과 자동차, 가전 등의 산업이 성장 기반이 되면서 많은 일자리가 창출되었으나, 프랑스의 취업 인구로는 이러한 노동 수요를 채울 수 없었다. 이는 흔히 이야기하는 프랑스의 출생률 감소 때문만은 아니었다. 1954년에서 1962년까지의 알제리 전쟁으로 약 50만 명의 젊은이가 징집당하고 군복무 기간이 연장되었기 때문이었다. 전후 이들이 대거 다시 국내로 돌아왔지만, 프랑스 노동 시장에 뚜렷한 해결책이 되지 못했다. 또한 프랑스 젊은이들의 학업 기간이 전반적으로 장기화되면서 이들의 산업 활동 참여가 지체될 수밖에 없었다. 이러한 상황에서 부족한 노동력을 보완할 수 있는 유일한 방법은 바로 이민 노동자를 받는 것뿐이었다. 1958~1961년의 제3차 경제 계획에 따르면, 외국 노동자의 도입은 "비록 임시방편적이기는 하지만…목적 달성을 위해서는 불가피"[12]했다. 결국 예상치 못한 전후 이탈리아 경제의 급성장과 프랑스 국내 사정으로 인해 이민 노동자의 제공처가 북아프리카로 변경된 것이었다.

2. 알제리인의 이주

제2차 세계대전 이후 경제 전문가들은 외국인 노동력 유입의 필요성을 제기했고, 이를 뒷받침하기 위하여 국립이민청 Office national de l'immigration의 설립이 1945년 11월 2일의 법으로 추진되었다. 그러나 이 기관을 통해 대규모의 노동자가 이주해 왔음에도 불구하고, 실제로 프랑스에서 외국인 수는 이후 10년에 걸쳐 감소했다. 즉 1946년에 총 인구의 4.2퍼센트인 174만 3,000명이었던 외국인 수가 1954년에는 총 인구의 3.6퍼센트인 155만 3,000명으로 줄어들었다. 이 기간 동안 증가한 이민자 집단은 국립이민청의 통제를 받지 않는 알제리 이민자들뿐이었다. 당시 알제리인들은 프랑스 국민의 신분으로 프랑스에 입국, 체류할 수 있었기 때문이다.

사실 1946~1955년에 프랑스에 온 알제리 이민자들은 국립이민청을 통해 취업한 이주 노동자 수를 훨씬 능가했다. 좀 더 구체적으로 말하면, 1946년에 2만 명이었던 알제리 이민자 수는 1954년에는 21만 명으로 현저히 증가했는데, 이것은 연평균 32.5퍼센트 증가한 것으로, 같은 기간에 전체 이민 인구가 1.3퍼센트밖에 증가하지 않은 것과 뚜렷하게 비교된다. 국립이민청이라는 제한된 이민 경로를 통한 이민자 수보다는 다양하고 비조직적인 다른 경로를 통해 들어오는 이민자 수가 훨씬 많았던 것이다. 1945년 이후 꾸준한 증가세였던 알제리 이민의 수는 알제리 전쟁(1954~1962) 중에 감소했다가, 1962년 에비앙 협정[13] 이후 다시 크게 증가했다.[14] 이 협정에서는

'양국 사이의 자유로운 이동'이라는 원칙이 유지되었다. 알제리 전쟁 직후인 1962~1965년에 총 11만 1,000명의 알제리인이 프랑스에 입국했는데, 알제리 전쟁 중에 매년 평균 1만 1,000명이 입국했던 것과 비교해보면 증가폭은 폭발적인 수준이었다. 그 결과 1964년 4월 10일에 "알제리 노동청 l'Office national algérien de la main-d'oeuvre은 이주자를 선별해야 한다"라는 내용을 핵심으로 하는 '프랑스-알제리 협약'이 체결되었고, 양국은 각국의 경제 상황을 3개월마다 재검토한 후 입국자 수를 다시 산정하기로 했다.[15] 이후 알제리 이민자 수는 경제적 돌발 변수나 프랑스와 알제리 양국 간의 복잡한 외교 관계로 인하여 변동을 보이긴 했지만, 1954년에 프랑스 총 이민 인구의 12퍼센트인 21만 2,000명에 이르렀다가 1974년에는 21퍼센트인 71만 1,000명으로 증가했고, 이로써 프랑스 거주 외국인 가운데 알제리인이 두 번째로 큰 비중을 차지하게 되었다.[16]

결과적으로 알제리인을 포함한 전체 이민자 수는 1950년대 중반부터 급격히 증가하기 시작했다. 한 해 평균 프랑스 입국자 수가 1960년대에는 10만 명을 넘었으며, 1955~1965년에는 그 이전 10년보다 3배나 늘어났다. 프랑스 내무부가 제공한 통계 수치에 따르면, 총 이민자는 1955년의 157만 4,000명에서 1965년 말에는 232만 3,000명으로 증가했다. 프랑스 내 실업 위기가 심화되고, 1974년 이래 유럽연합 이외 국가 출신의 노동 이민이 공식적으로 중지되었음에도 불구하고 이러한 증가세는 지속되었다. 그리하여 1982년의 371만 4,000명을 거쳐

1990년에는 419만 명으로 계속 증가했는데, 이는 총 인구의 7퍼센트를 약간 상회하는 수치였다. 또한 이민자들의 출신국도 보다 다양해졌다. 그럼에도 불구하고 프랑스에서는 이민이라고 하면 대부분, 수적으로 전체 이민자의 약 3분의 1을 차지하는, 근래에 프랑스에 도착한 마그레브인, 아프리카 흑인, 터키인을 가리킨다.

3. 이민자에 대한 프랑스인의 태도

프랑스인들은 일반적으로 이민이 늘고 있다는 것을 경험을 통해서나 외국인에 대한 대규모 여론 조사 결과를 발표하는 언론 매체를 통해서 알게 된다. 그러면 이들에 대한 프랑스인들의 감정은 어떠했을까? 전문가들 대다수가 이민자들이 프랑스 경제에서 차지하는 비중을 고려하여 이들의 중요성을 강조했음에도 불구하고, 일반인들은 결코 이민자들에 대해 우호적이지 않았다. 예를 들어, 1947년에 지라르 Alain Girard와 스퇴첼 Jean Stoetzel이 프랑스 내의 '타자(他者)'에 대한 최초의 여론 조사를 실시했는데,[17] "당신은 많은 외국인이 프랑스에 정착하는 것을 찬성하십니까?"라는 질문에 대해 반대 57퍼센트, 찬성 33퍼센트, 무응답 10퍼센트라는 결과가 나왔다. 1949년에는 실업 문제가 심각하지 않았는데도, 이민 및 외국인의 정착에 반대하는 비율이 무려 63퍼센트에 달했다. 이러한 결과는 프랑스인들의 타자에 대한 반감이 경제적 이해 관계보다는 정서적인 거부감에서 비롯된 것임을 암시한다. 좀 더 구체적으로 보자면, 외국인의 정착에 적대적인 응답은 67퍼센트에 달했고, 외국인이 프랑스에 오는 것 자체를 반대하는 응답도 59퍼센트나 되었다. 또한 외국인 노동자들이 프랑스에 도움을 준다는 대답이 50퍼센트에 이르는데도, 그들로 인해 문제가 초래된다는 대답 역시 무려 58퍼센트에 달함으로써 이 문제에 대한 이중적인 견해가 드러났다. 한편, 이러한 응답자들은 귀화권 부여, 국제 결혼 허용 등에 신중해야 한다고 생각했으며, 경제 위기시에는 자국민에게 우선적으로 고용 및 주택을 보장해야 한다고 대답했다.[18] 그 밖에도 제2차 세계대전 직후라는 상황 때문에 독일계 이민자나 동유럽 출신의 망명자들에 대해서는 나치에 대한 동조자 혹은 조국을 배신한 사람들이라는 인식이 있었다.[19] 예컨대 특정 10개국에 대한 호감도를 묻는 항목에서 응답자들은 벨기에와 스위스에 대해서는 매우 긍정적인 감정을, 네덜란드와 이탈리아에 대해서는 비교적 우호적인 감정을 드러낸 반면 북아프리카의 국가들이나 독일, 오스트리아에 대해서는 적대감을 표현했다.[20] 한 가지 특이한 것은 응답자들이 북아프리카인들에 대해서 상당한 편견을 갖고 있는 데 반해 아프리카 흑인들에 대해서는 상대적으로 호감을 갖고 있는 것으로 나타났다는 것이다.[21]

  1950년대 들어 대다수 프랑스인들은 경제적으로나 사회적으로 가장 잘 적응한 벨기에와 이탈리아 이민 공동체를 제외한 나머지 외국인에 대해서는 단지 이방인일 뿐이라고 생각했다. 1950년대 중반에는 "일정 기간이 지나면 외국인은 어떻게 될 것인가?"라는 질문에 "그대로 외국인이다"라는 응답이 45퍼센트, "프랑스 민족 공동체에 통합된다"가 36퍼센트, 무응답이 19퍼센트였다. 그렇지만 사실 1945년 이후 약 20~30년간 프랑스에서 이들 이민자는 인종 차별 문제와는 거의 관련이 없었다. 당시 프랑스인들에게는 이주자들을 어떻게 경제 활동 인구로 통합하느냐가 오히려 더 주된 관심사였기 때문이다.[22] 오랫동안 프랑스의 식민지 혹은 보호령이었던 알제리, 튀니지, 모로코 등으로부터 식민지 본국으로 이주한 노동력은 당시 프랑스의 경제 상황에서는 너무나도 반가운 '손님'이었던 것이다.[23]

그렇지만 한편으로는 1945년 3월 아랍연맹의 창설, 1956년 10월 수에즈 운하의 위기,[24] 그리고 알제리 전쟁 등을 거치면서 프랑스는 훨씬 전투적인 '아랍주의'에 직면하게 되었다.[25] 북아프리카인, 그 가운데에서도 알제리인의 이주가 프랑스에서 주요 이슈가 된 것은 알제리의 독립 전쟁과 프랑스의 경제 위기, 그리고 특히 이들 이민자의 동화 문제와 관련이 있다. 즉 알제리 이민의 규모가 커지면서 점차 사회적인 문제가 야기된 것이다. 알제리 인구의 폭발적인 증가와 갑작스러운 8년간의 전쟁으로 경제가 피폐해지면서 프랑스로 이주한 알제리인의 수는 급격히 증가했다. 심지어 1962년 10월에는 알제리인이 매주 7만 명이나 프랑스에 입국했다. 그 결과 1960년대 초에는 총 이민자 수에서 알제리 이민자가 차지하는 비율이 현저히 높아졌다.

그렇다면 이러한 알제리 이민자의 증가가 프랑스에서 인종차별 문제를 불러일으키는 데 어떤 영향을 주었을까? 물론 수적 증가 자체가 차별을 야기하는 하나의 요인이 되기도 했지만, 무엇보다 알제리 전쟁의 영향이 컸다. 프랑스인들의 상당수는 알제리의 독립에 대해 관대한 입장이었으나, 알제리 전쟁으로 인해 프랑스에서 알제리인의 이주에 대한 반감이 갑작스럽게 높아졌다. 1959년 알제리인에 대한 프랑스 당국의 고문과 혹사에 대해 알제리인들의 비난이 빗발치자, 당시 프랑스의 총리였던 드브레Michel Debré는 "알제리인, 심지어 학생들조차 자신들이 당한 것에 대해 글을 쓸 능력이 있다고 믿지 않는다"라면서 오히려 알제리인들을 모독했다. 이와 관련하여 프랑스 거주 알제리인들은 프랑스 경찰이 프랑스 내 알제리 공동체에 대해서도 지속적으로 잔인한 태도를 보였다고 비판하곤 했다. 최악의 사건은 1961년 드골Charles de Gaulle이 알제리 독립을 협상하는 시점에 일어났다. 이 해 10월 17일 3만여 명의 알제리인들이 파리 중심부를 행진할 때 프랑스 경찰이 엄청난 폭력을 행사한 것이다.[26]

1962년 알제리 독립 이후에도 수년간 알제리인에 대한 프랑스 내 극우파의 폭력은 끊이지 않았다. 1973년경에는 알제리인과 다른 이민자에 대한 공격이 새로운 국면을 맞이했다. 이 해 8월에 알제리 이민자가 거주하는 마르세유의 한 아파트에 화염병이 투척되는 사건이 발생한 것이다. 알제리인 조직에 따르면, 1973년 8월 29일과 9월 19일 사이에 11명의 알제리인이 살해되었고, 이로 인해 알제리인 공동체가 격분했다. 한편으로 프랑스인들 사이에서는 '통제를 벗어난 이민'에 대한 비난이 쏟아지기 시작했다. 당시 내무부 장관은 '공공 질서를 어지럽히는' 외국인은 누구든 추방할 것이며, 국경 지대 통제를 강화할 것이라고 선언했다. 그리고 마침내 1973년 9월, 알제리 정부는 알제리인에 대한 인종적 공격 때문에 프랑스로의 이민을 중단한다고 선언했다.[27] 그럼에도 3개월 후 프랑스에서 알제리인 네 명이 살해되었고, 마르세유 주재 알제리 영사관이 공격당한 사건에서 22명의 알제리인이 부상당했다. 샤를 마르텔Charles Martel[28]이라는 프랑스의 한 극우 조직은 자신들이 이 공격을 주도했다고 주장했다.[29]

그러나 이러한 일련의 사태로 프랑스에서 알제리를 위시한 북아프리카 이민자들과 프랑스인들이 갈등 국면으로 접어들었다고 설명하기에는 무리가 있다. 1973년 석유 파동으로 인한 프랑스의 경제 침체와 실업 급등이 그 갈등에 불을 지폈으며, 북아프리카 이민 2세의 프랑스 사회 동화 문제가 프랑스인들과 이들 사이에 또 하나의 갈등의 씨앗이 되었다. 사실 북아프리카 출신 이민자들과 그들의 2세는 프랑스 문화에 동화되기 쉽지 않았으며, 오히려 동화되려고 애쓰지 않은 측면도 있다. 바로 이 점이 북아프리카 이민과 이전의 유럽계 이민의 근본적인 차이점이었다.

4. 동화의 어려움

다음으로는 프랑스의 이민 정책과 함께 동화 정책의 어려움에 대해 살펴보자. 이를 위해서는 프랑스 이민 정책의 변화 요인과 함께 북아프리카 이민자들의 프랑스 문화에 대한 동화 정도, 그리고 이들이 프랑스에 충분히 동화되지 못했다면 그 이유는 무엇인지에 대해 알아보아야 할 것이다.

앞에서 살펴본 것처럼, 1960년대 이래 북아프리카 이민자의 수는 부쩍 증가했다. 그러나 1990년대 이후 몇 년간 10만여 명을 넘어서지 못한 것 또한 사실이다. 특히 여론의 반감을 산 북아프리카인은 아시아인보다 덜 급속하게 증가했다. 그럼에도 불구하고 프랑스에서 '이민자' 하면 여전히 특정 '인종'들을 떠올리게 되는 이유는 무엇일까?

프랑스에서 이민과 관련된 부정적 이미지는 우선적으로 이민자들이 특정 지역에 집중된 것에서 비롯된다.[30] 프랑스에 대규모 이민이 유입된 이래로, 이 이민자들이 외세의 위협에 매우 민감한 접경 지역이나, 중공업을 비롯한 수많은 산업 활동이 뿌리내린 지역에 집중적으로 모여 살았다는 것은 익히 알려진 사실이다. 외국인 인구 분포 지도에 따르면, 동부 프랑스와 미디 지역(남프랑스)이 이들의 대표적인 거주 지역이다. 이 지역은 국경과 인접하여 외국인이 밀집됨에 따라 프랑스인에 의한 외국인 반대 시위가 빈번했던 곳이며, 특히 경제 위기 때나 노동 시장에 긴장이 생길 때 이러한 반외국인 정서가 더욱 강화되었던 곳이다. 게다가 이들 지역은 실업 문제에 상당히 민감하게 영향을 받기 때문에, 극우 정파의 반이민 주장이 효과적으로 침투되는 곳이기도 하다. 특히 이슬람이라는 종교를 믿고 있는 무슬림 이민자들이 특정 지역에 집중되는 현상은 프랑스인의 적대감을 불러일으키는 중요한 요인이 된다고 볼 수 있다.[31]

그 다음으로 프랑스에서 이민과 관련된 부정적 이미지를 만들어내는 것은 이민자들의 문화와 프랑스 문화 사이의 갈등이다. 제2차 세계대전 이후 북아프리카 출신 이민자들은 프랑스 문화에 동화되는 것에 많은 어려움을 겪었다. 이민 정책과 관련해 자유방임주의적이었던 프랑스 정부의 입장이 1970년대 중반 이후 간섭주의로 바뀐 것도 이와 관련이 있을 것으로 보인다. 정부의 변화된 조치는 국경에서 이민자를 통제하는 조치와, 이미 프랑스에 들어와 있는 300만 이민자의 통합을 용이하게 하는 조치라는 두 가지 형태로 나타났다.

이처럼 정책이 변화한 것은 대체로 이민의 성격이 본질적으로 변화했기 때문이었다. 즉 노동 이민에서 이주 이민으로, 바꾸어 말하면 노동력의 경제적 이민에서 사회적 이민으로, 그리고 임시직이나 독신자가 주를 이루던 일시적 현상으로서의 이민에서 가족 단위로 정착하는 항구적 이민으로 성격이 바뀐 것이다. 그러므로 이제 이민은 단순히 경제적 측면뿐만 아니라 사회적·문화적 측면에서도 고려되어야 했으며, 따라서 이민자의 프랑스 사회 내 부적응, 문화 충돌의 문제가 중요해졌다. 이러한 변화로 인해 프랑스 정부의 이민 정책에 대한 변화된 입장이 정당화되는 것이다.

그러면 국가는 어떠한 방식으로 이민 문제에 개입했는가? 앞서 언급했듯이, 프랑스 정부는 프랑스로 들어오는 북아프리카 이민자들을 적극적으로 통제하는 동시에 이미 프랑스에 살고 있는 이민자들을 사회적으로 통합하려는 이중적 접근을 시도했다.[32] 이러한 이민 정책의 성공은 통제와 통합 사이의 긴밀한 연결이라는, 두 가지 조치의 단순한 병렬만으로 이루어지지 않는다. 특히 이민자 통합 프로그램의 성공 여부는 새로운 이민자에 대한 엄격한 통제 능력, 특히 불법 이민과 불법 고용을 막는 능력에 달려 있다고 할 수 있는데, 이는 프랑스 사회에서 사회 구성원 간의 조화로운 관계, 경제적 복리, 국민 결속 등을 위해서는 인종과 문화가 다른 이민자의 수를 제한하는 것이 중요하기 때문이다. 따라서 정부는 대체로 불법 이민은 단호하게 제한했으나, 합법적인 이민에 대해서는 시민권을 얻을 것을 장려하고, 프랑스 공화국의 세속 문화를 받아들일 것을 촉구했다. 이러한 동화 정책을 위해서 프랑스 정부는 학교, 특히 초등학교에서의 이민 2세대들에 대한 동화 교육에 심혈을 기울였다.[33]

그럼에도 불구하고 북아프리카 이민자에 대한 통합 정책은 그리 성공을 거두지 못했다. 특히 통합 정책을 어렵게 만든 것은 실업률의 상승으로 이민자들의 생활 수준이 낮아진 현실이었다. 하나의 예를 들어보자. 이민자들이 실업으로 수입이 줄어들어서 자연히 값싼 주택을 찾아 도시 근교로 모이게 되자, 그곳에 거주하던 프랑스인들은 반대로 점차 그 지역을 떠나게 되었다. 이는 프랑스인과 이민자 사이의 접촉 기회를 감소시켜, 상호간 이해의 가능성을 줄이는 요인이 되었다. 이처럼 경제적·사회적 환경은 이민자의 출신지나 문화의 독특성과 함께 통합 정책이 난항을 겪게 만드는 주요 원인 가운데 하나이며, 나아가 반이민 정책을 우선시하는 극우 정당들이 성장할 수 있는 좋은 토양이 될 수도 있다.

통합 문제와 관련하여 마지막으로 덧붙일 것은 1980년대에 이민 2세대인 젊은 무슬림들이 출현하면서, 이들이 프랑스에서의 통합 문제의 주요 상징이 되었다는 점이다. 이민 2세대 청소년의 비행, 일탈 및 정체성 위기, 특히 여학생들의 '교내 히잡 착용 문제' 등이 부각되면서 프랑스 사회에서는 통합 문제와 관련하여 매우 커다란 논란이 초래되었으며, 이민 2세대들은 드디어 학계의 공식적인 연구 대상이 되었다. 이러한 문제에 대한 연구는 새로운 차원에서 통합 문제를 바라보게 했는데, 그 가운데에서도 특히 무슬림 여학생들의 히잡은 이민 문제의 새로운 쟁점으로 떠오르며 프랑스 전역에서 힘차게 휘날렸다.

제 2 장

'프랑스 - 프랑스 전쟁'

1989년의 '히잡 사건'과 그 의미

1. 프랑스판 문화전쟁?

 2001년 9월 11일에 일어난 뉴욕 세계무역센터 테러와 미국의 아프가니스탄 및 이라크 공격으로 그 어느 때보다도 이슬람에 대한 관심이 높아졌다. 9·11 사건은 미국과 이슬람권 국가 간의 긴장을 고조시키는 계기가 되었으며, 혹자는 이를 문명 충돌로까지 해석했다. 이러한 문명 충돌은 세기가 바뀌면서 나타난 새로운 현상인가? 유럽에서도 이와 비슷한 사건이 일어날 개연성은 없는가? 실제로 1990년대 프랑스에서 이슬람 원리주의자들에 의해 벌어진 수차례의 테러 사건은 이 사건의 예고편이었는지도 모른다. 그러나 이슬람권과의 충돌에 있어서 미국의 경우와 달리 프랑스에서는 물리적 충돌보다도 프랑스인과 북아프리카 출신 이민자들[30] 사이의, 즉 '프랑스인들' 사이의 문화전쟁이 더욱 심각하다.

 이 장에서는 이 프랑스판 문화전쟁을 이해하기 위해 한 가지 사건을 예로 들려 한다. 1989년 파리 근교의 한 중학교에서 이슬람의 전통 여성 복장 가운데 하나인 히잡을 수업 시간에도 벗지 않으려고 한 여중생 세 명이 퇴학당하는 일이 발생했다. 이 문제는 20세기 초부터 프랑스에 확고히 정착된 '교회와 국가의 분리' 원칙을 즉각 도마 위에 올려놓았다. 사실 히잡을 쓴다는 것은 상징으로 가득 차 있다. 언론은 '히잡'을 프랑스어로 스카프를 뜻하는 '풀라르foulard'에서 갑자기 베일이라는 뜻의 '부알voile'로, 그리고 마침내는 '차도르tchador'로 바꾸어 썼다. 히잡 사건에서 사용된 차도르라는 단어는 즉각적으로 이란 혁명과 1979년 3월 8일 긴 베일을 착용하고 등장한 호메이니를 상기시켰다. 서구인들의 이란에 대한 기억은 이란 혁명으로 야기된 사회적 공포와 억압으로 남아 있다. 10여 년 전 프랑스는 호메이니에게 프랑스 망명권을 허용했으며, 이후 그가 이란으로 귀환하게 됐을 때 프랑스의 모든 정당들은 이를 축하했다. 그러나 그로부터 10년 후 파리 근교에서 발생한 이 히잡 사건은 프랑스 사회에서 과격 이슬람주의자뿐만 아니라 일반적인 무슬림도 '악마화'하는 계기가 되었다. 그 사건의 상징적·정치적 의미가 채 분석되지도 않은 채 말이다.[35]

영국의 역사학자 실버맨Maxim Silverman은 저서에서 1989년의 이 문제에 대해 다음과 같이 말함으로써 사건의 극적인 면을 강조한다. "이 논쟁은 이 사건 이전에 있었던 사건들을 따라 읽지 않은 '외부인들'에게는 이해가 되지 않을 것이다. 그것은 또한 프랑스의 세속 전통이나 근대 프랑스 공화국의 발전 과정에 대한 지식이 없는 사람들에게도 이해가 되지 않을 것이다. 그들은 어떻게 겨우 사람 머리에 쓰는 천 한 조각이 나라 전체를 장기간 흥분 상태에 빠져들게 할 수 있을까 의아해할 것이다."[36] 결국 이 사건을 분석하는 것은 앞에서 제기된 여러 가지 문제를 이해하는 데 커다란 도움이 될 것으로 생각된다.

2. 1989년 '히잡 사건'

(1) 사건 따라잡기

이제 1989년 '히잡 사건'의 전말에 대해 살펴보자. 1989년 10월 히잡 사건이 발생했을 때는 프랑스가 대혁명 200주년 기념식을 막 성대하게 치른 뒤였다.[37] 여중생 세 명이 수업 시간에 조차 히잡을 벗으려 하지 않았다는 이유로 학교에서 쫓겨난 사실이 언론에 알려진 후 몇 주 동안 이에 대한 논쟁이 가열되었다. 프랑스 사회는 정교 분리 원칙과, 개인의 신앙의 자유 혹은 톨레랑스tolérance라는 명분을 두고 양분되었다. 정교 분리 원칙 혹은 여성의 권익 옹호를 명분으로 학교에서 히잡 착용을 금지해야 하는가? 아니면 반대로, 개인의 신앙의 자유, 의무 교육의 준수, 또는 톨레랑스라는 명분으로, 그렇지 않으면 적어도 사회 통합을 위한 방편의 일환으로 히잡 착용을 인정해야 하는가?[38] 이들 양 진영은 상대편을 '인종차별주의자', '이슬람혐오주의자' 혹은 '이슬람주의의 신봉자', '여성의 적' 등으로 부르며 적대시하기까지 했다.[39] 정치권, 노조, 여러 단체들뿐만 아니라 가정이나 카페, 그리고 학교에서도 이 문제에 대한 찬반 토론이 끊임없이 벌어졌다. 사안의 성격상, 애초부터 중립적 입장을 취하는 것은 불가능했다. 이는 19세기 말에 드레퓌스Dreyfus 사건이 프랑스 사회의 여론을 둘로 갈라놓았던 상황과 유사했다.[40]

유럽 통합을 운운하며 근대적인 서구 민주 국가의 대명사로 자처하는 프랑스에서, 그것도 새 천 년을 목전에 둔 20세기 말에, 학교에서 히잡을 쓴 세 명의 학생 때문에 이러한 '프랑스-프랑스 전쟁'이 전개되었다는 것은 얼마나 의외인가? 이 '전쟁'의 배경을 이해하기 위해서 우리는 우선 문제의 학교와 그 학교에 다니는 학생들의 특성에 대해 알아볼 필요가 있다. 그 학교(귀스타브-아베 드 크레유)는 1960~1970년대에 새로 생겨난 도시인, 파리에서 멀지 않은 우아즈 도(道)의 크레유 시(市)에 위치해 있다.[41] 크레유 시는 농촌에서 온 이주민과 외국인 노동자들이 주로 정착하면서 급격하게 규모가 커진 도시 가운데 하나였다. 1989년 개교한 이 학교에는 당시 900여 명의 학생이 재학 중이었는데, 이들은 25개에 달하는 다양한 국적을 갖고 있었다.[42] 이처럼 '순수' 프랑스인들보다 세계 각국에서 프랑스로 이주해 온 사람들로 구성된 학교는 문화전쟁의 장소가 되기에 충분한 요건을 갖춘 셈이었다.

그러면 이제 구체적으로 사건의 실태가 어떠했는지, 당시 신문들의 보도를 뒤적이며 따라가보자. 이 사건이 처음 알려진 것은 1989년 10월 4일, 중도 좌파 경향의 《리베라시옹 *Libération*》에 실린 한 기사에 의해서였다. 이 신문은 이날 "히잡 착용이 크레유 중학교의 정교 분리 원칙과 충돌하다"라는 제목 아래 세 명의 소녀가 이 학교에 더 이상 다닐 수 없게 되었는데, 그것은 이 여학생들이 교내에서 자신들의 히잡을 벗으려 하지 않았기 때문이라고 보도했다. 교장과 교사들이 이 행위를 정교 분리 원칙에 대한 도저히 묵과할 수 없는 침해로 간주했다는 것이 기사의 주요 논지였다. 13~14세가량의 모로코 출신 자매들인 이 세 소녀의 퇴학 사건은《리베라시옹》 기사가 나간 이후 약 일주일간 거의 모든 전국지에서 다루어졌다.

특히 공산당 기관지인 《뤼마니테 *L'Humanité*》의 기사는 이민자의 정교 분리 원칙 문제가 좌우 정파의 입장을 떠나 정계에서 얼마나 뜨거운 감자인지 잘 보여준다. 《뤼마니테》는 우선 10월 5일 자의 한 기사에서, 학생들을 퇴학시킨 교장 셰니에르Ernest Chénière[43]의 조치에 대해 '편집증적'이라고 비꼬았지만, 그렇다고 정면으로 교장의 결정을 공격하지는 않았다. 이 기사는 그동안 이민자에 대해 우호적이던 공산당도 이민자와 정교 분리 원칙의 관계에 대해서는 명확한 입장을 취하기 어려울 수밖에 없음을 보여준다. 이 글을 쓴 기자는, 퇴학당한 여학생들의 아버지는 무슬림이면서도 프랑스 '세속 문화'를 받아들이는 데 우호적인 통합주의자의 입장을 취하고 있는데, 그럼에도 불구하고 이 학생들이 희생자가 된 것은 결국 이들이 무슬림 노동자 가정 출신이기 때문이 아닌가 하는 의문을 제기한다. 그는 이 의문의 근거로 해당 학교 교장이 우파 정당인 '공화국연합Le Rassemblement Pour la République'의 당원임을 내세웠다.[44] 그럼에도 불구하고 정교 분리 원칙의 열렬한 옹호자인 프랑스 공산당으로서는 무조건 이 학교 교장의 결정에 반대할 수도 없는 형편이었다. 결국 이틀 뒤 이 신문은 크레유와 같은 상황에서는 정교 분리 원칙을 준수해야 함을 강조했다. 이는 공산당의 입장에서도 이주 노동자와 결부된 정교 분리 원칙의 문제는 계급과 민족의 문제와 마찬가지로 분명한 입장을 취하기 어려운 것임을 보여준

셈이라고 하겠다.

  그러나 크레유의 사건은 사건 발생 일주일 후인 10월 10일에 해당 여중생들의 가족과 학교 당국 사이의 성공적인 협상으로 일단락되었다. 적어도 외견상으로는 모든 당사자들이 만족하는 듯 보이는 타협이었다. 세 명의 여중생들은 자신이 원하는 곳 어디에서나 히잡을 쓸 수 있고, 심지어는 운동장이나 학교 복도에서도 쓸 수 있게 되었다. 다만 교실에서만은 어깨 위에 히잡을 걸쳐놓아야 했다.[45] 이로써 이 사건은 국지적인 사건으로 마무리되는 듯했지만, 사실상 이것은 또 다른 '사건'의 시작일 뿐이었다.

  (2) 반응, 파문 그리고 끝나지 않은 '전쟁'

  프랑스의 언론들은 이 문제를 확대 재생산하기 시작했다. 이들 언론은 프랑스의 다른 도시에서도 무슬림 여학생들이 수업 시간에 히잡을 벗는 것을 거부해 퇴학당했으며 그들이 이 문제에 대해 거세게 항의하고 있다고 보도했다. 주간지들이 심층적으로 이 사건을 다루기 시작하면서 히잡 사건은 더 이상 일부 지역에 국한되지 않고 전국적으로 확산되었다. 히잡이 프랑스 도처에서 휘날리게 된 것이다.

  언론 매체는 현지의 상황을 계속해서 추적했는데, 특히 학교에서의 히잡 착용, 나아가서는 무슬림의 지위를 문제 삼기 시작했으며, 이 문제에 대해 공개적으로 각자의 의견을 표명할 것을 촉구하기에 이르렀다. 이슬람을 비롯한 종교계, 그리고 정치권 및 지식인들 사이에서 다양한 반응이 쏟아져 나왔다. 이러한 가운데 사건의 발단이 되었던 크레유의 여중생들이 학교 당국과 합의한 약속을 깨뜨렸다. 이들은 교실에서 히잡을 벗는 것을 다시 거부했고, 이로 인해 다시 한번 학교에서 퇴학당했다.

그렇다면 이 여중생들이 "공립학교(의 정신)를 함께 존중"[46] 한다는 학교 당국과의 합의를 깬 까닭은 무엇인가? 우선 우리는 종교계의 영향력을 언급하지 않을 수 없다. 가톨릭과 이슬람의 지도자들이 이 사건에 대해 공개적으로 입장을 표명함으로써 앞서 한 타협이 재론되었던 것이다. 가톨릭계에서는, 특히 추기경인 뤼스티제Jean-Marie Lustiger가 직접 '학교에서 종교의 위치를 다시 고려할 필요성'을 제기했다. 이 발언은 19세기 말 이래 계속되어온 정교 분리 원칙에 대한 오랜 논쟁을 다시 불러일으켜 '세속화 진영'을 자극했다. '세속화 진영'의 오랜 적수인 이들 교권주의 세력은 이슬람주의자들의 요구 사항을 공화국 학교에 종교를 재도입하기 위한 구실로 이용하려 한 것이다. 추기경은 히잡을 일반화하기 위해, "히잡을 쓰는 것은 아마도 외국인의 머리 모양과 같을 것"이라고 강조하면서, "아랍계 소녀들과의 전쟁"을 멈출 것을 요구했다.[47] 사실, 프랑스에서 정교 분리 원칙이 축소될 수 있도록 이슬람 측을 지원한 것은 가톨릭뿐만이 아니었고, 유대교 등 다른 종교들도 마찬가지였다.[48]

반면 이슬람계는 하나의 목소리를 내지 못했다. 왜냐하면 당시 프랑스에는 하나의 통일된 이슬람 대표체가 존재하지 않았기 때문이다. 그럼에도 이 시기에 의견을 표명한 무슬림들은 공통적으로 여중생들에 대한 퇴학 조치를 비난했다. 이슬람으로 개종한 프랑스인이자 '프랑스 전국 이슬람 연맹'의 회장을 지낸 인물인 르클레르Daniel Yousouf Leclerq는 학생들과 교장 사이에 이루어진 합의를 파기하게 하기 위해서 학생들의 부모에게 접근했다. 그의 입장은 '프랑스인으로서의 무슬림'의 위치에 서려는 파리 이슬람 사원 교구장의 입장보다 더 과격했다. 즉, 교구장은 히잡 착용을 의무가 아닌 선택의 문제로 볼 것을 주장한 데 반해, 르클레르는 히잡 착용을 "절대적으로 필요한 절제 행위"로 규정한 것이다.[49] 이에 동조하는 600여 명의 지지자들이 교조주의적 협회로 알려진 '프랑스 이슬람 협회 및 이슬람의 목소리Association islamique de France et la Voix de l'islam'가 파리에서 개최한 여학생의 히잡 착용에 찬성하는 대규모 시위에 참여했다.[50] 이 시위는 명백히 교권주의적 성격을 띠었을 뿐만 아니라, 텔레비전 화면에 나타난 이미지들은 이슬람 혁명 당시의 이란을 연상시키기에 충분했다. 시위대의 맨 앞에는 단순한 스카프가 아닌 차도르와 흡사한 검은 천으로 온몸을 휘감은 여성들이 서 있었기 때문이다.[51]

파문은 계속 확산되었다. 10월 20일부터 언론은 논의를 더욱 진전시켰다. 크레유 사건은 점차 프랑스를 뒤흔들며 문화전쟁의 상징이 되어갔다. 일선 기자들이 다룬 '사소한' 국지적 사건이 3주 만에 전국지의 주요 논객이 언급하는 사회 문제가 되었고, 이에 대한 논쟁은 좀처럼 사그라질 기미를 보이지 않았다. 언론 매체는 히잡을 쓰는 문제에서 출발하여 점차 이슬람이라는 종교의 특징과 프랑스 공화국의 정교 분리 원칙에 관한 기사로 도배되었다.

이 사건의 초반부터 정치권은 대체로 침묵했다. 단지 극우파만이 입장을 표명했을 뿐이었다. 이들의 입장은 대체로 명백했다. 르 펜의 민족전선은 단번에 "차도르에 반대한다"라는 담화를 채택했다. 이 당의 대표자 가운데 한 사람이며 현재는 또 다른 극우 정당 '공화국 민족 운동Le Mouvement National Républicain'의 지도자인 메그레Bruno Mégret는 다음과 같이 자신의 입장을 표명했다. "이슬람 문화가 오고 있다. 프랑스 영토에 이슬람 문화가 들어온 후, 이제 학교에서 학생들이 차도르를 착용하는 상징적인 방식으로 그 문화가 정착된다. 이에 대해 다음과 같은 문제가 제기되어야 할 것이다. '프랑스인이 이민자들의 관습에 적응해야 하는가, 아니면 이민자들이 프랑스의 문화에 동화되어야 하는가?…'."[52] 이처럼 민족전선의 지도자들은 공식적으로 차도르라는 용어를 쓰며 무슬림 여학생들을 프랑스 통합 정책에 대한 저항 세력으로 규정하고자 했다.

이 메시지를 좀 더 주의 깊게 읽어보면, 이들 극우파는 무슬림 여학생들의 히잡 착용을 이슬람 문화의 상징으로 파악하고 있으며, 결국은 이를 통해 프랑스 문화와 이슬람 문화를 극단적으로 대비시키려 하고 있음을 알 수 있다. 이슬람 문화에 대한 프랑스인의 두려움 및 거부감이 어느 정도인지는 이슬람 사원 건립을 반대하는 시위가 도처에서 일어나고 있다는 사실만으로도 쉽게 알 수 있다.[53] 민족전선이 무슬림 이민을 반대하는 근거는 바로 이 같은 '문화적 차이'이며, 이는 신인종주의의 핵심 개념이라고 할 수 있겠다. 흥미로운 것은, 같이 신인종주의 노선에 서 있는 신우익의 이론가인 드 브누아Alain de Benoist[54]가 궁극적으로는 민족전선과 같은 목적을 표방함에도 그 방법을 달리하고 있다는 점이다. 그는 '차이를 존중해야 한다'는 미명 하에, 정교 분리 원칙 지지자들을 비난한다. 다른 집단의 정체성을 소멸시키고, 서구의 가치를 보편적·우월적 가치로 만들려는 해묵은 인종우월주의는 비난받아야 한다는 것이 그의 주장이다. 그러나 사실은 그의 논리야말로 '문화적 차이'를 극대화함으로써 프랑스인들과 다른 문화를 가진 무슬림 이민자들을 프랑스에서 몰아내려는 의도를 지니고 있는데, 다음과 같은 역설적 주장에서 그러한 의도가 잘 드러난다. "무슬림 여학생들은 히잡을 착용함으로써 자신들의 '다를 권리'를 주장해야만 한다. 이것이 자기 고국으로 빨리 돌아가는 길이기 때문이다."[55] 이는 일견 무슬림의 입장을 지지한 것처럼 보이나 실상은 신인종주의의 기본 입장을 재확인한 것에 지나지 않는다.

정치 지도자들은, 자국민들이 일반적으로 히잡 착용을 프랑스 공화국의 주요 원칙에 대한 저항으로 보고 있으며, 더 나아가 외국인 혐오와 인종주의에 철저하게 반대하는 입장을 취하고 있지도 않다고 판단한다. 이민자에 대한 반감을 효과적으로 이용해 일부 선거구에서 승리를 이뤄낸 민족전선의 성장 때문에 정치인들은 이 사건에 신중하게 접근할 수밖에 없었다. 사실 일부의 프랑스 사람들은 히잡을 용인하는 것이 무슬림에게 시민권을 부여하는 것으로 이어지지 않을까 하는 의구심을 가졌으며, 여러 지역에서 벌어진 이슬람 사원 건설을 반대하는 시위는 프랑스인들이 자신들의 거주 지역에 무슬림 이민자들이 정착하는 것을 원치 않고 있음을 말해준다.

첫 몇 주 동안, 전국의 신문들과 여론이 이 사건에 주목했음에도 불구하고 대부분의 정치 지도자들이 침묵하거나 모호한 입장을 보인 것은 바로 이와 같은 맥락에서 이해될 수 있을 것이다. 당시 교육부 장관이던 조스팽Lionel Jospin도 이 사건에 대해 처음에는 명확한 입장 표명을 유보했다. 정부와 마찬가지로 대다수의 단체장들도 공개적으로 입장을 표명하지 않았다.[56] 그 후 시간이 지남에 따라 점차 일부 정치 지도자들이 의사를 표명하기 시작했다. 그러나 이들은 자신이 속한 조직 내에서 격렬한 반향을 불러일으킬 위험이 있기 때문인지, 단지 개인 자격으로 의사를 표명했다. 파스카Charles Pasqua, 슈벤망Jean-Pierre Chevènement[57], 에마뉘엘리Henri Emmanuelli, 생브롱Yannick Simbron(전국교원노조연맹Fédération de l'Éducation nationale 위원장), 불리에Jean-Michel Boulier(프랑스 민주노동자 총연맹 소속 교원노조SGEN-CFDT[58]) 위원장들은 모두 히잡 착용을 비난했다. 그러나 이들 가운데 어느 누구도 무슬림 여학생이 교내에서 히잡을 벗기를 거부했을 경우에 취할 조치에 대해 명백한 의견을 표명하지 않았다.[59]

결국 몇몇 하원 의원들이 교육부 장관인 조스팽을 소환하기에 이르렀다. 학교장이 어떤 새로운 문제에 대해 취할 행동 노선은 교육부 장관이 결정하게 되어 있었다. 마침내 조스팽은 히잡 착용을 고집하는 소녀들을 퇴학시킬 수 없다고 공표했다. "학교는 학생들을 퇴학시킬 수 없다. 왜냐하면 학교는 학생들을 받아들이기 위해 만들어졌기 때문이다"라는 장관의 선언은 의회에서 격론을 불러일으키기에 충분했다. 전국교원노조연맹은 장관의 입장을 강력하게 비난했고, 사회당 내에서는 논의가 격렬해져 당원들끼리 보조를 맞추는 전통적 흐름마저 깨졌다. 단합된 모습을 보여주지 못하는 것은 야당도 마찬가지였다. 정부도 내부 갈등에 휩싸였다. 사회당 원내총무를 맡고 있는 포프랭 Jean Poperen은 공개적으로 교육부 장관을 비난하고 나섰다.

이러한 교육부 장관의 결정은 마침내 지식인들이 집단적으로 입장을 표명하는 사태를 불러왔다. 1989년 11월 2일 자 《누벨 옵세르바퇴르 *Le Nouvel Observateur*》에는 "교사들이여, 항복하지 마시오!"라는 제목 하에, 다섯 명의 철학자[60]가 서명한 공개 편지가 실렸다. 교육부 장관에게 전달된 이 편지는 교육자들이 '수업 시간에 히잡 쓰는 것을 허용해서는 안 된다'는 것을 주된 내용으로 하고 있다. 편지는 극적으로 다음과 같은 내용을 덧붙였다. "프랑스 혁명 200주년인 올해, 프랑스 학교에서 '뮌헨 협약'이 이루어졌음이 후세에 기록될 것이다…." 이 철학자들에게는 학교에서 히잡 쓰는 것을 허용하는 것이 외교적 후퇴나 마찬가지였다. 즉, 1938년 영국과 프랑스가 히틀러의 주데텐란트 침공에 동의해줌으로써 서구 민주주의 세력이 스스로 제2차 세계대전을 초래한 것과 같은 의미라는 것이다. 이들의 눈에는, 프랑스 정부가 쥘 페리 Jules Ferry

와 졸라Émile Zola가 만든 공화국 자체의 생존을 위협하는, 프랑스 공화국이 차마 받아들일 수 없는 양보를 한 것으로 비쳤다. 이들은 또한 다음과 같이 썼다. "프랑스 민주주의의 특징은 공화국이다…공화국의 기초는 학교다. 그러므로 학교의 붕괴는 공화국의 붕괴로 치달을 것이다."

이러한 논지에 반대 의사를 표명한 지식인은 상대적으로 소수였다. 프랑스의 유명한 철학자이자 작가인 앙리-레비Bernard Henri-Lévy는 이슬람의 억압으로부터 여중생 세 명을 해방시키는 가장 좋은 방법은 이들을 학교에서 퇴학시키는 것이 아니라, 반대로 세속 학교에서 라블레François Rabelais와 볼테르Voltaire의 많은 작품을 읽게 하는 것이라고 주장했다. "만일 그렇게 되지 않으면, 이들은 게토 속에 함몰되어버릴 것이다."[61] 그러나 이러한 외침은 정교 분리의 엄격한 적용을 주장하는 '공화국 진영'에 속한 대다수 사람들에게서는 돌아오지 않는 메아리일 뿐이었다.

더욱이 사회당 소속 총리인 로카르Michel Rocard마저 "여러 종교가 허용되는 다종교 학교는 더 이상 세속 학교가 아니다"[62]라고 확언했으며, 여론의 약 83퍼센트가 학생들의 히잡 착용에 반대했다.[63] 이처럼 어려운 상황에 처한 교육부는 최고행정재판소le Conseil d'État에 판단을 미루었는데, 핵심 쟁점은 공립학교에서 "특정 종교의 상징물을 착용하는 것과 정교 분리 원칙이 병행"할 수 있는가 하는 것이었다. 프랑스 최고행정재판소는 그 해 말에 "학생에게 인정되는 자유에는, 타인의 자유와 다원주의를 존중한다는 가정 하에서, 학교

내에서 자신의 종교를 드러내고 표현할 권리가 포함된다. 단, 그것이 교육 활동과 출석의 의무를 침해하지 않는 한도 내에서 이루어져야 한다"라는 판결을 내렸다. 아울러 최고행정재판소는 모든 "압력이나 선동, 선전" 행위와 "다른 학생들의 자유와 존엄성을 침해하는" 모든 행위를 금지하는 것을 잊지 않았다.[64] 이는 히잡을 학교 내에서 착용함으로써 이슬람이라는 종교를 선전할 목적이 있는 학생에 한해 학교장의 판단으로 퇴학시킬 수 있다고 해석되었다. 그러나 이러한 해석은 즉각적인 반발을 불러왔다. 우파 잡지인《르 피가로 마가진*Le Figaro Magazine*》은 "자신의 신앙의 상징물을 공개적으로 드러내면서 어떻게 선동적이지 않을 수 있는가? 나는 교육부 장관에게 이 문제를 바칼로레아(프랑스 대학 입시) 주제에 포함시킬 것을 제안한다"라고 주장하는, 대표적인 신우익 이론가인 포웰Louis Pauwels의 칼럼을 실었다.[65] 물론 이에 대한 반론도 만만치 않았다. 개신교 목사인 우지오Alain Houziaux는 히잡을 쓰는 행위 자체가 다른 학생들에게 히잡을 쓰라고 선동하는 행위로 해석될 수는 없으며, 히잡을 쓰지 않고 있는 학생들도 자기 신앙에 따라 쓰지 않는 것이고, 국가는 히잡을 쓰는 학생과 마찬가지로 쓰지 않는 학생들의 자유도 존중해주면 된다고 주장했다.[66] 상황[67]이 이렇다 보니 '선동'에 대한 해석은 학교장의 판단에 따라 달라질 수밖에 없었다. '단일하고 분리될 수 없는 공화국'에서 다양한 판단을 불러올 수 있는 이러한 해석은 많은 이들의 비판의 대상이 되었다. 이런 형태의 사건[68]은 외견상 해결된 것처럼 보였지만, 그리 쉽게

사그라지지 않았다.[69]

3. 히잡 착용의 의미

 (1) 히잡 착용의 일반성과 특수성

 무슬림 여중생들이 가장 무거운 징계인 퇴학을 감수하면서까지 히잡 착용을 고집하는 이유는 무엇인가? 더 일반화해, 무슬림 여성에게 히잡은 무엇을 의미하며, 그것은 종교적·정치적으로 무엇을 의미하는가?

 히잡은 이슬람 교리에 근거한 무슬림 여성들의 전통 의상에서 유래한다. 코란에 따르면 남녀 모두 머리를 천으로 덮어야 하며, 특히 여성은 가족끼리가 아닌 경우에는 자신의 몸에 있는 일체의 장신구를 보이지 않게 해야 한다.[70] 이는 곧 장신구를 착용하는 가슴 상부나 목, 귀 부분을 가려야 함을 의미한다. 이러한 관습은 수세기가 지나면서 이슬람 세계 내의 다양한 문화와 인종 집단들에 의해 상이하게 해석되었다.[71] 예컨대, 일부 지역에서는 여성의 온몸을 가리는 것이 요구되었고, 다른 지역에서는 얼굴만 혹은 얼굴의 아랫부분만 가리는 것, 또는 얼굴은 완전히 노출시킨 채 머리카락만 가리는 것이 적절한 것으로 인식되었다.[72] 이처럼 히잡의 모습은 다양하지만, 이슬람 최고의 경전이 규정하는 것이라는 점에서 무슬림 여성이라면 히잡을 쓰는 것이 반드시 지켜야 할 규범 가운데 하나로 인식되었다.

그러면 히잡을 쓴다는 것이 정치적으로도 어떤 의미를 가질 수 있을까? 물론 시대와 지역에 따라 그 의미가 다를 수 있다. 제2차 세계대전 후 알제리의 독립 투쟁이 진행되는 동안 프랑스인들은 알제리 여성의 해방을 주장하면서 여성들의 히잡을 벗기는 일에 온갖 노력을 기울였다. 알제리의 반식민주의자들은 이러한 행위를 알제리 민족의 정체성을 말살함으로써 알제리 문화를 왜곡하고, 나아가 알제리인들의 잠재적 저항력을 약화시키는 것이라고 보았다. 이전까지는 별다른 의미 없이 그저 전통 복장에 불과했던 히잡이 식민주의자들의 공격으로 인해 알제리인들에게 새로운 의미로 받아들여지게 된 것이다.[75] 이렇게 되자 알제리 여성에게 있어 히잡을 벗는 것은 프랑스의 식민주의를 받아들인다는 것을 의미하고, 히잡 쓰기를 고집하는 것은 식민주의를 거부한다는 것을 의미하게 되었다.

(2) 1989년 당시의 히잡 착용의 의미

그러면 1989년 당시 프랑스에서 히잡을 쓴다는 것은 어떠한 의미를 함축하고 있었을까? 모든 무슬림 여성에게 히잡 착용이 앞에서 살펴본 바와 같이 정치적 색채를 띤다고 일반화할 수는 없다. 앞에서 언급한 세 여중생은 물론 프랑스에 거주하는 무슬림 여성이 모두 알제리 출신인 것도 아니다. 그렇지만 이들이 학교 교실에서까지 히잡 착용을 고집하려 한다면, 그것은 분명 자신이나 부모의 강한 종교적·정치적 신념에 의한 것일 수 있다. 물론 1989년은 프랑스에 살고 있는 무슬림들의 모국이 여전히 프랑스로부터 완전히 '해방'[74]되지 못한 시기였으므로 이러한 정치적 함의가 전혀 없었다고도 말할 수 없다.

일반적으로, 무슬림 여성들이 프랑스에 꽤 오랫동안 정착했음에도 계속해서 히잡을 쓰려 한다면 이는 분명 프랑스 사회로의 통합에 소극적이거나 나아가 프랑스 공화국의 원칙에 적대적인 것으로 해석할 수 있다. 그러나 오직 그러한 해석만이 가능한 것일까? 히잡을 착용한 채 프랑스의 공화국 정신에 통합될 수는 없는 것일까?

우선, 히잡을 쓰는 것이 정치적 이슬람주의와 관련이 있는지 알아볼 필요가 있다. 일반적으로 프랑스 사람들이 생각하는 것과 달리 이 히잡 착용은 어떠한 선동적 목적을 갖고 있지 않을 수도 있다. 즉, 무슬림 여성들은 반드시 프랑스 사회에 적대적인 표시로서 히잡을 쓰는 것은 아니며, 프랑스의 '종교 문화'와는 다른 '종교 문화적 자율성'의 공간을 부여받기 위해, 자신들만의 특수한 의식의 형태로 히잡을 쓰기도 한다. 히잡을 쓴 젊은 여성들 상당수가 프랑스에서 태어나 교육을 받은 이민 2세대인 만큼 이들이 프랑스 사회를 총체적으로 거부하는 경우는 드물기 때문이다. 오히려 이들은 부모 세대보다 프랑스어를 잘하고 교육 수준도 높으며, 프랑스 문화에 통합되는 과정에 있는 것으로 보인다. 이런 맥락에서, 히잡을 쓴다는 단순한 행위로 인해 반드시 프랑스 문화와 이 여성들이 '멀리 떨어져 있다'고 판단할 수는 없다.

그러므로 히잡을 쓰는 것과 이슬람의 실천을 완전히 동일시할 수는 없다. 히잡을 쓴 상당수의 소녀들은 엄격한 의미에서 독실한 이슬람 신자가 아닐 수도 있다. 특히 십대 소녀의 경우에 히잡 착용은 가족의 '비위를 맞춰주는' 수단일 수도 있다. 따라서 1989년 프랑스에서 히잡을 쓰는 것이 반드시 프랑스 공화국 정신에 대한 적대감 혹은 통합에 대한 반대 의사의 표현이었다고는 볼 수 없을 것이다.[75]

(3) 히잡 착용: 강제와 타협 사이

이민 1세대에 속하는 대다수의 전통적인 무슬림 여성들은 프랑스 문화에 통합되지 못하는 경우가 많았다. 일반적으로 이들에게 히잡은 자신의 출신에 대한 정체성을 상징하는 것일 따름이다. 주로 농촌 출신인 이들 여성들은 어려서부터 어머니, 할머니가 히잡을 쓰는 것을 보고 자랐고, 자신들도 소녀 시절부터 늘 히잡을 썼으며, 그 히잡을 그대로 쓰고 프랑스로 건너왔다. 그러므로 이들에게 히잡은 정체성의 한 요소이자, 전통적 옷차림의 한 요소다.[76]

한편 이들 여성의 히잡 착용은 전통적으로 가부장적인 가정의 영속성을 상징하기도 한다. 이는 자신이 프랑스 사회에 살면서도 본국에서와 마찬가지로 여전히 여성의 종속적 위치를 확인함으로써 가부장적 가정을 유지한다는 의미를 내포한다. 이처럼 대부분 도시 하층 계급이나 농촌 출신인 이민자들에게 히잡 착용은 자신이 전통을 지킨다는 것을 상징적으로 나타내는 것일 뿐이다. 프랑스에 오래 거주했지만, 직업이 없고 프랑스어를 잘하지 못하는 무슬림 가정주부에게는 히잡이 자신의 위상과 정체성을 상징하는 것이다.

이와 같이 전통적이면서 자발적인 행동이었던 히잡 착용이 언제부터인가 점차 강제적인 성격을 띠게 되었다. 제3세계로부터의 노동 이민을 전면 금지한 프랑스 정부의 1974년 '국경 폐쇄 조치'는 결과적으로 북아프리카인의 '가족 재결합le regroupement familial'을 촉진시켜 이들 공동체에 새로운 풍경을 그려놓았다.[77] 사실 제2차 세계대전 직후의 이민자들은 어느 정도 프랑스 사회에 통합되기 시작한 터였다. 예컨대, 이들의 아이들 몇몇은 프랑스, 이탈리아, 포르투갈, 폴란드 출신의 친구들과 어울리기 위해서 자신의 아랍 이름을 프랑스식으로 바꾸기도 했다. 그러나 1970년대에 가족 재결합 정책으로 알제리와 모로코 사람들이 프랑스에 대거 이주하면서 이러한 통합은 어려워지게 되었다. 지금까지와는 다른 새로운 공동체가 만들어졌기 때문이다. 동족들이 매우 가까이 살게 되면서, 이들 사이에 서로 '감시'하는 뚜렷한 불신 풍조가 생기기 시작했다. 일반적으로 이웃에 의해 '염탐'당할 위험이 있을 때, 자국의 풍습이나 종교적 옷차림을 고수하지 않는 것은 비판받을 우려가 있다. 따라서 프랑스식 이름 짓기는 점차 사라지게 되었고, 어머니들은 이제 공공 장소에서 반드시 히잡을 써야만 했다.[78]

이러한 상황에서 히잡을 쓰는 것은 어머니들뿐 아니라 그들의 딸들에게도 마찬가지로 강요되었다. 따라서 딸들의 히잡 착용은 어머니 세대의 경우와 달리 외부의 눈총에 의한 것이 아니라 일면 부모의 강요에 의한 것이었다고 할 수 있다. 대부분의 소녀들은 부모의 명령에 굴복할 수밖에 없었다. 히잡을 쓰는 소녀들은 부모에 의해 강제적으로 이슬람화되는 동시에 프랑스 사회에 의해 "악마화"[79]됨으로써 이중으로 상처를 입었다.[80]

프랑스 사회는 일반적으로 히잡과 이슬람을 동일시한다. 대다수의 프랑스인은 가톨릭 신자이거나 무종교주의자[81]이기 때문에 자연히 히잡 착용을 반대하는 입장을 취했다. 이들은 히잡 쓴 여성들을 기껏해야 이방인으로 규정하거나, 더 나아가 급진적 이슬람주의자로 간주한다. 이란 혁명이 각인시킨 이미지와 알제리의 폭력 사태, 민족국가의 위기, 도시의 무질서, 일부 무슬림 공동체 지역의 종교적 배타성 등의 영향으로 무슬람 여성들이 급진적 이슬람주의자들과 동일시되기에 이른 것이다.[82] 결국, 자의든 타의든 히잡을 쓴 무슬림 여성들은 프랑스 사회에 의해 주변화되고, 그럼으로써 더욱더 '프랑스인'이 되기 어려워진다.

그러면 프랑스에 정착한 무슬림 여성들은 히잡 착용에 어느 정도 만족하는가? 이들은 히잡을 어쩔 수 없이 쓰는가 아니면 자발적으로 쓰는가? 또 프랑스에 거주하는 무슬림들은 히잡을 쓰는 것에 대해 과연 하나의 통일된 입장을 가지고 있는가? 이에 대한 대답은 한편으로 이들이 어느 정도 단결된 공동체를 형성하고 있는지를 보여주는 척도가 될 것이다.

히잡 사건이 발생한 후, 프랑스 여론 조사국Institut Français d'Opinion Publique(IFOP)이 시행하고《르 몽드Le Monde》가 발표한 여론 조사에서 의외의 결과가 나왔다. 여론 조사의 목적은 '이슬람 신자가 아닌 프랑스인'(이하 프랑스인)과 '프랑스 국적과 관계없는 무슬림 이민자'(이하 무슬림)의 태도를 비교하는 데 있었다. 히잡에 관한 인식을 조사하는 질문의 경우 프랑스인의 75퍼센트는 학교에서 히잡을 쓰는 것에 적대적이었고, 17퍼센트는 무관심했으며, 6퍼센트는 우호적이었다. 무슬림은 45퍼센트가 학교에서 히잡을 쓰는 것에 반대했으며(남자는 42.6퍼센트, 여자는 48.8퍼센트), 30퍼센트는 우호적이었고, 22퍼센트는 무관심했다.[83]

이 여론 조사 결과를 보면 '순수' 프랑스인과 무슬림 이민자들을 대립시키는 일반적인 담론과는 달리, 사실상 무슬림 이민자들이 하나의 통일된 집단을 구성하지 못하고 있음을 알 수 있다. 학교에서의 히잡 착용에 대한 이들 이민자 집단의 견해는 매우 분열되어 있었다. 무슬림 가운데 상당수가 정교 분리를 지지하며, 프랑스 사회로의 통합에 긍정적이라고 추정할 수 있다. 또한 여론 조사에 응답한 무슬림 가운데 40퍼센트는 라마단 동안 금식을 하지 않는다고 대답했으며, 16퍼센트만이 금요일에 이슬람 사원에 간다고 대답했다.[84] 결국 이 여론 조사는 이슬람이라는 종교 문화가 프랑스에서 이미 상당히 '세속 문화'화되었다는 것, 나아가 프랑스의 무슬림들은 대체로 '프랑스인으로서의 무슬림'에 가깝다는 것을 보여주었다.[85]

그러면 무슬림 소녀들은 왜 히잡을 쓰는 것일까? 우선 앞에서 언급한 바와 같이 부모의 강제 때문일 수도 있고, 무슬림 여성들에게 가해지는 제약을 줄이기 위해서일 수도 있다. 왜냐하면 이들은 히잡을 착용해야만 외출을 할 수 있기 때문이다. 즉, 히잡을 쓰는 것은 무슬림 여성을 근대 사회로 끌어내는 다리를 잇는 기능을 한다는 역설적인 설명도 가능해진다. 이러한 해석은 여성들이 학교를 다니는 동안에만 히잡을 쓰고, 고등학교를 졸업한 후에는 상당수가 히잡을 벗는다는 사실로도 뒷받침된다.[86] 따라서 히잡 착용은 사춘기의 무슬림 여학생이 부모 세대와의 갈등을 줄이고 프랑스 내에서 자신들의 활동을 보장받을 수 있는 수단이라고 볼 수 있다.

(4) 히잡 착용: 정체성을 찾아서

히잡 착용의 이러한 의미는 1989년 이후 어느 정도 변화가 있었다. 히잡 착용의 '타협적 성격'은 어느 새 '자발적 성격'으로 변했다. 1990년대 초의 걸프전, 1994년 프랑스 교육부 장관 바이루François Bayrou의 교내 히잡 착용에 대한 엄격한 해석 권고, 켈칼Khaled Kelkal 사건,[87] 그리고 마침내 9·11 테러와 미국의 아프가니스탄 및 이라크 침공 등 일련의 사태를 겪으면서 프랑스의 젊은 무슬림들은 '나는 과연 누구인가?'를 고민하게 되었다. 나는 프랑스인인가, 알제리인인가? 내가 프랑스인이라면 나는 왜 '조국'에서 이방인 취급을 받아야 하며, 또 '알제리'에서 또 다른 이방인 취급을 받아야 하는가?

2003년 여름에 《리베라시옹》[88]은 이러한 정체성 변화를 겪고 있는 무슬림 소녀들을 만나 인터뷰를 시도했다. 이 인터뷰 기사는 히잡 착용을 고수하는 소녀들의 입장을 잘 표현하고 있다고 생각된다. 이들의 입장을 《리베라시옹》을 통해 들어보자.

"나는 집에 들어가자마자 히잡을 벗어야만 합니다. 엄마는 내가 히잡 쓰는 것을 못 참거든요. 엄마는 소리를 지르고 화를 냅니다. 히잡을 쓰고는 내 인생에서 어떤 것도 할 수 없다고 합니다. 아버지도 어머니 편이에요. 그렇지만 오빠는 내 편이지요." 이제 16세인 린다는 알제리의 카빌 출신으로 발두아즈 도의 아르장퇴유 고등학교 2학년이다. 그녀는 지난 학기 초부터 히잡을 쓰기 시작했다고 술회한다.

히잡을 쓰기 시작한 지 3개월밖에 되지 않은 린다의 단짝 친구 리츠란은 "부모님은 누군가 나에게 영향을 미쳤다고 생각하지만, 천만의 말씀입니다. 이것은 정말로 내 선택이었습니다"라고 힘주어 말한다. 그녀가 히잡을 쓰기 시작하면서 14세인 여동생도 히잡을 착용한다고 한다.

이러한 현상에 대하여 '프랑스 평신도 무슬림 운동'의 공동 창건자인 타즈다이트Djida Tazdaït는 다음과 같이 설명한다. "일반적으로 종교는 부모를 따르게 마련인데, 사춘기 소녀들의 행동 변화로 부모들이 걱정하고 있습니다. 결국 히잡 착용은 가정 내 분쟁을 야기합니다. 이들 어머니가 보기에, 이러한 현상은 과거 회귀일 뿐입니다. 이들은 자신의 딸들이 이슬람 급진주의자들의 표적이 될 뿐만 아니라, 따돌림의 대상이 될 것을 두려워합니다. 이 사춘기의 소녀들은 어른들이 집에서나 학교에서나 자신들을 이해하지 못하고 있다고 생각합니다."

개학 때만 해도 고등학교에서 히잡 착용이 복도나 운동장에서는 용인되었다. 그러나 학기 중간에 내규가 엄격해지면서, 모든 부모들이 서명해야 하는 학교 통지문이 발송되었다. 이 통지문에 따르면 "건물 내에서 그리고 스포츠 시설에서 모든 종류의 히잡 착용이 금지된다. 또한 학생을 포함한 학교 내의 모든 구성원들은 두 가지 근본적 원칙, 정치적 중립과 정교 분리의 원칙에 엄격히 복종해야 한다". 린다는 매우 낙담했다. "우리가 히잡을 쓰면 쓸수록 교장 선생님은 위의 원칙을 더 강조합니다."

  히잡을 쓴 소녀들은 스포츠 활동을 하지 않으며, 수영장에는 발도 들여놓지 않는다. 이들은 "히잡은 정숙함입니다"라고 말하고 있다. 이 소녀들은 남학생과 얼굴을 맞대는 일상적인 인사(비즈)조차 하지 않는다. 아르장퇴유와 가까운 콜롱브에서 프랑스어 교사로 일하는 아즈마는 무슬림 소녀들이 흔히 성에 눈뜰 시기인 중학교에서 고등학교로 진학하는 시기에 히잡을 착용한다고 말한다. "히잡은 이들의 복잡한 문제를 해결해줍니다. 히잡은 또한 남학생들을 향한 '나를 건드리지 말라'는 하나의 메시지와도 같습니다." 학생들이 새로이 히잡을 쓰고 학교에 올 때마다 모로코 출신의 이 여교사는 "가슴이 찢어진다". "내가 생각하기에 이 소녀들은 자신들을 둘러싸고 있는 사회를 거부하는 것입니다. 나의 세대에서는 이민자들이 여러 권리를 얻기 위해 투쟁했습니다. 해야 할 투쟁이 얼마나 많습니까? 이 소녀들은 적절한 선택을 하지 못한 것입니다…."

  한편, 히잡을 쓰지 않는 소녀들에게 히잡을 쓴 친구들은 경외의 대상이다. "히잡을 쓴 여학생들은 더 이상 소녀가 아니고 성숙한 여인

입니다. 게다가 그들은 다른 소녀들보다 더 일찍 결혼합니다"라고 16세의 레일라는 말한다. 또 다른 학생 두니아는 "우리가 생각 없이 혹은 변덕스러운 마음으로 히잡을 쓰는 것은 아닙니다. 히잡을 쓴다는 것은 쉬운 일이 아닙니다. 모든 사람이 우리를 쳐다봅니다"라고 말한다. 그러자 라미아가 말을 자른다. "나는 파리에서조차도 히잡을 씁니다. 샹젤리제에서 아이스크림을 먹을 때, 나는 사람들의 시선을 의식하지 않습니다."

17세인 라시다는 고등학교 2학년 때부터 히잡을 쓰기 시작했다. "나는 확신을 갖고 히잡을 씁니다. 나는 모로코인, 프랑스인, 혹은 유럽인 학생이기 이전에 바로 무슬림이기 때문입니다. 처음에 나는 매일 저녁 울었습니다. 사람들이 나를 경멸하는 투로 쳐다보기 때문입니다. 병원 대기실에서, 시청에서, 전철에서, 어느 곳에서나 말입니다." 라시다의 반에서는 네 명이 히잡을 착용한다. 이 학교 학생들이 오베르뉴 지방을 여행하기로 했을 때, 이 소녀들은 히잡을 쓴 채로 여행하겠다고 했지만 교장은 이를 허락하지 않았다. 라시다는 "그 여행이 의무적인 것이고 수업 성적에 반영되는 것이지만, 히잡 쓰는 것이 허락되지 않으면 나는 여행을 포기하겠다. 히잡을 벗느니 오히려 영점을 받겠다"라고 반발했다.

몽트로에 사는 17세의 후다는 3개월 전부터 히잡을 쓰기 시작했다. 후다가 사는 아파트 단지 내에서는 거의 모두가 서로서로 잘 알고 지낸다. 어느 날, 엘리베이터에서 만난 이웃 아줌마가 후다에게 "무엇 때문에 히잡을 썼니? 넌 정말 예쁜데 말이다. 네 머리칼은 정말 멋진데"라고 말했다. 이 말에 후다는 몹시 화가 났다. "내 모습이 어디 변했나요? 나는 늘 나예요. 내가 무엇 때문에 잡지에 나오는 여자 애들이랑 닮아야 하죠? 누구나 다른 아름다움을 가질 수 있지 않나요?" 그렇다고 후다가 유행에 민감하지 않다고는 할 수 없다. 후다는 코에 구멍을 뚫어 코걸이를 하고 있다. 학교에서는 히잡을 벗는다. 그녀가 다니는 학교 내에서는 히잡 착용이 엄격하게 금지되어 있기 때문이다. "우리 반에서 히잡 쓰는 학생은 나 혼자예요. 선생님들은 나를 이해하지 못하죠. 선생님들은 나의 일거수일투족을 감시하고 의심합니다. 내가 종교 선동가인 것처럼 여기거든요."

날이 몹시 더울 때 후다는 아파트 내에서 히잡을 벗지만, 후다의 친구인 나제는 히잡을 계속 쓰고 있다. 처음에 나제에게 있어 히잡을 쓰는 일은 일종의 반항이었다. 나제는 "나는 자동차로 모로코에 바캉스를 가면서 히잡을 벗지 않기로 나 자신과 약속했습니다. 결국 나는 성공했고, 이제 언제든지 히잡을 쓸 수 있게 되었습니다"라고 이야기했다. 두 소녀는 언제든지 히잡을 쓰고 다니며, 심지어 핸드볼을 할 때도 히잡을 쓰고 있다. 그것이 남학생들을 놀라게 하지만 말이다. "내가 히잡을 쓴 채 드리블을 하면 남학생들은 질색을 합니다"라고 후다는 자연스럽게 말한다. 후다는 가족 내에서 가장 열정적인 딸이다. "나는 나의 종교에 대해서 확신을 갖고 있고, 나의 문화를 잃고 싶지 않습니다." 후다의 어머니는 히잡을 쓰지 않는다. 후다는 "부모님이 기도를 하지 않는 것을 보면 나는 마음이 너무 아픕니다. 부모님은 라마단을 지키고, 이슬람에 대해 많은 것을 알지만, 신자로서의 의무를 다하지 않습니다"라고 말한다. 두 소녀는 이것을 애석해한다. "부모님은 작은 마을에서 이슬람 신앙을 강요당했지요. 프랑스에 도착했을 때, 그들은 자유를 발견한 것 같아요. 프랑스에 와서 부모님은 아무 말도 안 하고 입을 닫고 계십니다. 우리는 이슬람에 대해서 할아버지, 할머니와 이야기를 나누지요. 우리는 우리 뿌리를 찾고 있습니다. 프랑스에서 우리는 아랍인이고, 모로코에서 우리는 프랑스인이에요. 말하자면 우리는 늘 이방인이지요. 이슬람만이 중용이랍니다." 후다의 아버지는 한편으로는 "딸이 나의 종교에 관심 갖는 것에 대해 자부심을 갖게 되었고, 다른 한편으로는 히잡 착용이 딸의 미래를 막지나 않을까 하는 두려움"에 싸여 있다. 후다는 생각한다. "어쩌면 내 자식들은 이슬람을 거부할 수도 있을 겁니다. 인생이라는 것이 그렇지 않습니까."[89]

이상에서 보았듯이, 최근 히잡을 쓰게 된 젊은 여성들은 대부분 스스로의 선택에 의해 이러한 '종교적 상징'을 착용하고자 한다. 과거와 달리 부모는 딸의 앞날을 위해, 자신의 딸이 프랑스 사회에서 차별당하는 것을 막기 위해 히잡 착용을 만류하고 있다. 이는 분명 이민 2세대만의 독특한 특징이다. 1989년 히잡 사건이 발생했을 때만 해도 히잡을 착용하는 여학생은 소수에 불과했으나, 그 수는 점차 늘어나기 시작했다. 즉 이민 2세대 소녀들은 자신들의 정체성을 깨달으면서 상징적으로 히잡을 착용하게 된 것이다. 그러나 이로 인한 '사회 문제'는 학교 내에만 국한되지 않는다. 이들이 졸업 후 사회에 진출했을 때, 이 문제는 더 커다란 폭발력을 갖게 된다.

(5) 히잡 착용: 학교 담을 넘어서

히잡을 쓰고자 하는 무슬림 여성의 수가 증가할수록 다양한 문제가 발생했다. 그동안 공적인 장소에서는 히잡 착용을 자제해온 무슬림 여성들이 그 금기를 깨면서 점차 이를 둘러싼 직장 내에서의 분쟁이 많아지고 있다. 몇 가지 예를 소개하자면 다음과 같다.

2002년 12월 17일, 파리의 노사분쟁조정위원회 le Conseil des prud'hommes de Paris는 히잡을 착용했다는 이유로 2002년 7월에 해고된 전화기 판매 회사 직원의 복직을 명했다. 올해 만 30세인 달릴라 타리Dallila Tahri는 수습 사원을 거친 뒤 2001년 7월 최종 입사할 당시에 이미 머리, 귀, 그리고 목을 가리는 히잡을 착용하고 있었다. 그러나 2002년 6월 다른 지점으로 자리를 옮긴 뒤 직장 상사는 히잡을 헤어밴드로 교체할 것을 명했고, 그녀가 그것을 거부함으로써 해고된 것이다. 내용 증명 우편물에서 회사 측은 고객과 직접 접촉하는 직원으로서 뚜렷한 종교적 표시를 하지 말라는 사장의 지시를 어겼기 때문에 그녀를 해고할 수밖에 없었다고 밝혔다.

판사는 이 재판에서 회사가 노동법 L.122-45 조항을 어기면서 타리의 외양과 종교적 신념을 이유로 해고했다는 것을 인정했다. 타리의 변호인은 이 판결이 '신앙의 자유와 노동법에 대한 승리'라고 평가하면서 "그러나 이것이 회사 내에서 히잡을 쓸 권리를 인정한 것은 아니다. 2001년 3월 파리의 항소법원에서 메카에 순례를 다녀온 뒤 히잡을 착용한 한 여성 판매원의 해고가 적법하다고 인정된 사례가 있다. 타리 양은 취직 당시 이미 히잡을 착용하고 있었기 때문에 이 경우에 해당되지는 않는다. 그녀는 회사 출입증에도 히잡을 쓴 채 찍은 사진을 부착하고 있었다"라고 설명했다. 타리는 자신이 신에 대한 복종으로 히잡을 착용했을 뿐 부모 외에는 어떠한 이슬람 조직에 의해서도 강요받지 않았다고 주장했다. 회사는 판사의 결정을 존중한다고 말했지만, 항소를 배제하지 않았다.[90]

2003년 6월의 《리베라시옹》에 따르면 결국 회사는 항소했고, 재판부는 회사 측의 항소를 기각했다. 타리는 종교적 신념에 대한 차별의 희생자라는 것이었다. 회사 측이 강조한 고객의 불만은 실제로 발생하지 않았다는 것이 재판부의 판단이었다. 또한 기업 내에 문화적 다양성이 존재할 수 있으며, 고객의 요구가 직원의 자유를 제한하는 것을 무조건 정당화할 수 없다는 점을 확인했다.[91]

공무원이 히잡을 착용하는 경우는 어떠한가? 2003년 7월 3일 리옹의 행정재판소에 제기된 소송이 이 경우에 해당된다. 근무처에서 히잡을 착용했다는 이유로 15일 정직 처분을 받은 압달라Nadjet Ben Abdallah는 노동 감독관으로서 이 처벌에 대해 소송을 걸었다. 그녀의 변호사는 "노동 감독과 종교적 상징물을 착용하는 것이 양립할 수 없다는 원칙은 없다"는 점을 상기시켰다. 그와 반대로 정부 측 인사는, 압달라가 수차례의 경고에도 불구하고 히잡을 벗지 않았기 때문에 그녀가 "공공 서비스의 중립성과 정교 분리 원칙을 위반했다"고 주장했다.[92] 같은 해 11월 27일에 열린 항소심에서 재판부는 압달라의 정직 처분에 대해 취소 결정을 내렸는데, 이는 단순히 "형식적인 문제" 때문이지 압달라의 정교 분리 원칙 위반이 용인된 다는 뜻은 아니었다. 즉, 정부 측이 압달라에게 "그녀의 행동이 정교 분리 원칙을 고의적으로 위반한 것임을 명백히 지적하지 않았다는 점"이 참작되어 그녀에게 가해진 처벌이 무효라는 것이었다.[93] 결국 공무원은 특정 종교의 상징인 히잡을 착용한 채 공무를 수행할 수 없다는 사실을 오히려 명백하게 확인해 준 재판이었다.

2004년 9월에 발생한 한 무슬림 여성 교통경찰관의 히잡 착용 허가 요구도 같은 맥락에서 이해할 수 있다. 경찰 모자 안에 히잡을 쓰겠다는 그녀의 요구는 경찰 당국에 의해 받아들여지지 않았고, 상당 기간의 진통 끝에 근무 중에는 히잡을 착용하지 않는다는 선에서 타협이 이루어졌다.[94]

이러한 사건은 정교 분리 원칙의 적용이라는 문제와 밀접하게 관련돼 있다. 일반 사기업의 경우 회사 사용자와 히잡을 쓴 직원과의 사적인 갈등이 분쟁의 한 원인이 되겠지만, 공무원의 경우 정부가 이 문제를 어떻게 판단하느냐가 매우 중요한 변수로 작용할 수 있다. 공공 서비스를 수행하는 기관——비록 공화국의 성소라고 할 수 있는 학교는 아니지만——에서 공직자가 특정 종교의 상징물을 부착할 경우 이는 분명 공화국 이데올로기의 핵심인 정교 분리 원칙에는 어긋나는 것이다. 그렇다면 개인의 신앙의 자유를 침해하지 않으면서 어떻게 이 문제를 조화시킬 수 있을 것인가?

— 제 3 장 —

공화국의
단호함
금지법 제정과
그 명분

1. 논쟁의 재점화

1989년의 논쟁은 1994년의 긴장 국면을 지나 한동안 잠복기에 들어갔다. 이후 이 사건이 다시 갑자기 수면 위로 떠오르게 된 것은 2003년의 일이다. 일반적으로 히잡 사건은 무슬림 이민의 프랑스 사회에의 동화와 밀접하게 관련돼 있다. 그런데 2003년 2월 미국이 이라크를 침략하면서 이 무슬림 이민자의 동화 문제가 다시 주목받게 된 것이다.[95] 프랑스 정치인들은 전쟁 동안 프랑스에 거주하는 무슬림 이민자들의 태도에 신경을 곤두세웠다. 이들은 프랑스 사회에 동화된 정도와 무관하게 일반인들에게 '프랑스인'보다는 '아랍 세계의 친구'로 간주되었던 것이다. 히잡을 둘러싼 논쟁이 다시 불거진 직접적인 계기는 2003년 4월 19일 내무부 장관 사르코지 Nicolas Sarkozy가 파리 근교 부르제에서 열린 '프랑스 이슬람 조직 연합'l'Union des organisations islamiques de France'의 연례 전체 회의에 참석하여, 앞으로는 신분증 사진을 찍을 때 히잡을 벗고 찍는 것을 의무화하겠다고 말한 것이었다.[96] 그는 "수녀들도 신분증 사진을 찍을 때는 수녀복을 벗고 찍는데, 왜 무슬림 여성은 히잡을 착용하고 찍어야 하는가?"라는 말로 이 조치의 명분을 내세웠다. 이 일을 비롯해 2003년에 벌어진 일련의 '사건들'은 한동안 소강 상태를 보이던 문화전쟁의 뇌관을 다시 건드렸다.

1989년 이후 10여 년 동안 무엇이 얼마나 변했을까? 대체로 프랑스 사회의 문제들은 그동안 좌파 입장에 서느냐 우파 입장에 서느냐에 따라 해결책에 차이를 보여왔다. 그렇다면 공화국의 주요 원칙과 관련된 이 문제, 즉 공적인 장소에서조차 히잡을 벗으려 하지 않는 무슬림 이민자에 대한 입장 역시 우파냐 좌파냐에 따라 다른가? 얼핏 보면, 우파 정치인들이 히잡 착용에 부정적인 것 같지만, 사회당의 대표적 지도자인 랑Jack Lang 전(前) 교육부 장관 등도 이러한 부정적 입장에 가세하고 있다. 이처럼 다른 문제와 달리 이 문제에서는 좌우의 입장 차이가 그다지 크지 않다. 오히려 정치인 개인에 따라 입장이 다르거나, 한 정치인의 입장이 시기에 따라 바뀐 경우가 드러난다. 그렇지만 대략적으로 이들 정치인들은 공화국을 위협하는 '소수의 히잡 쓴 소녀들'에게 공화국의 단호함을 보이려 노력한다. 그 결실이 2004년 3월 15일에 제정된 '종교적 상징물 착용 금지법'[97]이다.

2. 히잡 착용에 대한 정치권의 논의

(1) 시라크 대통령의 입장

　2003년 봄, 미국이 이라크 전쟁을 시작하고 중동에 긴장이 감돌 때, 프랑스 정치인들은 무슬림 이민자들의 동화 문제와 긴밀히 연관된 다음과 같은 문제를 제기했다.

　―정교 분리 원칙을 명분으로 학교 내에서 히잡 착용을 금지

하기 위한 법을 새로이 제정해야 하는가?

—아니면 이 행위를 공화국의 톨레랑스 정신으로 용인해야 하는가?

매우 미묘한 이 문제를 해결하기 위해 프랑스 공화국 대통령인 시라크Jacques Chirac는 2003년 7월 3일, 스타지Bernard Stasi[98]를 위원장으로 하는, '공화국에서의 정교 분리 원칙의 적용'을 심의할 위원회(이하 '스타지 위원회')를 구성했다.[99] 사실 2003년 들어 하원 의장인 드브레Jean-Louis Debré가 정교 분리 원칙에 대한 공화국 내의 논쟁을 먼저 제기해 위원회를 구성했으나[100] 대통령인 시라크가 또 다른 위원회인 스타지 위원회를 구성함으로써 그 공을 '가로챘다'고 볼 수 있다.[101] 그만큼 이 문제는 프랑스 사회에서 핵심 문제 가운데 하나로 떠올랐다.

시라크 대통령이 창설한 이 스타지 위원회는 대통령이 바라는 대로 "다양성, 특히 종교적 다양성을 인정하면서 공화국의 중립성과 국민 통합을 조정하기 위한" 논의를 책임지고 있었다. 시라크는 "점증하는 공동체주의에 관한 문제"로 인해 정교 분리 원칙이 "학교나 공공 기관에서 점차 새로운 어려움에 부딪히고 있다"고 판단했으며, "프랑스에서 공화국의 법보다 우월한 규정은 없다. 따라서 특정 인종과 종교에 속해 있다는 사실 자체가 정치적으로 해석되어서는 안 된다"고 보았다. 그는 어떤 주제가 공화국의 대원칙과 국민 통합을 저해할 때, 이 문제에 귀를 기울일 수밖에 없다는 입장을 취하고 있었다. 1905년 확립된 정교 분리 원칙에 대한 다양한 입장 표출로 인해 "격앙된" 시라크 대통령은 자신이 조직한 스타지 위원회가 학교 내에서의 '종교적 상징 부착'을 금지하는 문제로 입법을 해야 하는지 혹은 그렇게 할 필요가 없는지를 비롯해 이와 관련된 다양한 문제들을 해결해주기를 기대했다.[102]

시라크는 위원회 창설 이전 수주일 동안, 이 문제에 대한 각계의 여론을 수렴하기 위해 종교 단체와 민간 단체의 대표자들을 면담했다. 이후 그는 최대의 쟁점인 학교에서 히잡을 착용하는 문제에 대해 적어도 우파 내에서만이라도 이견이 없기를 원했다. 그는 스타지 위원회로 하여금 여러 제안들 가운데 가장 포괄적인 안(案)을 찾게 했고,[103] 스타지 위원장도 결정된 것은 아무것도 없다고 주장했다. 그러나 시라크는 10월 21일 발랑시엔에서 "정교 분리 원칙은 타협의 대상이 아님"을 강조함으로써 자신이 히잡 착용을 금지하는 새로운 입법에 찬성하는 쪽으로 기울었음을 내비쳤다. 11월 5일 프랑스의 라디오 방송인 유럽 1은 엘리제(대통령궁)와 마티뇽(총리 관저)이 입법을 결정했다고 보도했으며, 그 법은 광범위한 장소를 대상으로 하는 동시에, 매우 엄격한 법이 될 것이라고 덧붙였다. 프랑스의 주요 일간지 가운데 하나인 《르 몽드》는 대통령의 이러한 태도에 대해 2004년 3월 지방 선거에서 극우 정파인 민족전선이 이 문제를 악용하는 것을 방지하기 위한 것이라고 해석했다.[104]

(2) 우파 정치인들의 입장

대통령의 이러한 행보에 앞서 정치권에서 일어난 하나의 상징적인 사건은 다음과 같다. '공화국시민운동Mouvement républicain et citoyen'에 소속된 세 명의 상원 의원이 2003년 6월 23일에 공공 기관과 (공립)학교에서 정교 분리 원칙을 준수해야 한다는 법안을 제출했다. 파리의 상원 의원인 오텍시에Jean-Yves Autexier는 정교 분리의 원칙을 "가톨릭 신자의 십자가는 옷 속에, 유대인의 종교적 상징인 키파는 호주머니에, 무슬림 여학생의 히잡은 옷걸이에"라는 한마디로 설명했다.[105]

이와 같은 상황에서 보다시피, 공화국 이념 수호에 철저한 정치인들은 입법을 통해서라도 공화국의 이념을 철저히 지켜야 한다고 생각했다. 이에 동조하는 사람들은 대체로 시라크 대통령의 지지 기반인 우파 정치인들이었으며, 여당 지도부와 정부 각료 대다수는 학교에서의 히잡 착용을 금지하는 법에 찬성을 표명했다. 각료 가운데 한 명인 드베지앙Patrick Devedjian은 "10여 년 동안 의원들, 지식인들이 이 문제에 대해서 토론을 해왔는데, 1989년 최고행정재판소가 판단한 기준은 더 이상 충분치 않다"고 생각했다. 그 결정은 히잡 착용과 정교 분리가 양립할 수 있음을 선언한 것이었지만, 그것은 종교적 상징물을 "외부로 드러내놓고" 착용하는 것을 금지하는 것으로 여겨질 수 있으면서도[106] 다른 한편으로는 자의적으로 해석될 여지가 있었다.

2003년 9월 16일, 사회부 장관인 피용François Fillon은 스타

지 위원회의 청문회에서 "어떠한 계파보다도 시민이 앞선다는 원칙" 위에 정교 분리를 확립하는 것이 적절하다고 평가했다. 각료 가운데 처음으로 스타지 위원회에서 입장을 밝히게 된 피용 장관은 "학교에서의 종교적 상징물 착용을 금지하는 법안에 찬성한다. 정교 분리는 공교육 시스템의 일반적인 조직 원리이기 때문이다. 학교장과 교사들은 자기 업무를 수행함에 있어 명확한 기준이 필요하다"[107]라고 말했다.

피용은 가톨릭을 기반으로 하는 루아르 지방 출신의 의원이지만, 공화국 원칙에 투철한 공화파 소속이다. 그의 완고한 성향은 스타지 위원회에서의 또 다른 발언에서도 잘 나타난다. "모호하지 않은 명확한 사고가 필요하다고 믿는다. 왜냐하면 모호함과 유약함은 공화국의 이상에 적대적이기 때문이다. 공화국의 주요 목적은 시민을 육성하고 함께 살게 하는 것이다. 공화국은 특정한 종교나 개인 혹은 어떤 공동체가 분열시킬 수 없는 하나의 완전한 실체다. 그러므로 정교 분리 원칙은 어떤 정파보다도 시민을 우선시하는 공리를 바탕으로 한다."[108] 사회부[109]는 통합의 문제도 책임지고 있는 곳인 만큼 장관인 피용이 "기회의 평등을 통한 동화"를 수호할 의지를 강조한 것은 어쩌면 당연한 일인지도 모르겠다. 그는 또한 차별을 철폐할 뿐만 아니라 프랑스의 역사와 가치를 의심하게끔 하는 죄의식과도 결별해야 한다고 주장했다.[110]

이에 앞서 9월 10일 내무부 장관인 사르코지 역시 학교에서 히잡을 착용하는 것에 반대했다. 그는 한 언론과의 인터뷰에서 "프랑스 내의 무슬림은 공화국 전통을 따라야" 하며, "학교

내에서 히잡을 벗어야 한다"고 말했다.[111] 그리고 자신이 무슬림 대표자와 만나 대담한 것은 "협상이 아니라 의견 교환일 뿐이며, 우리는 법의 적용을 타협하지는 않는다"고 강조했다. 또한 그는 "나는 이슬람 사원에 들어갈 때 신발을 벗는다. 무슬림 소녀가 학교에 들어갈 때, 그 소녀는 자신의 히잡을 벗어야만 한다"라고 주장하기도 했다.[112] 그렇다 하더라도, 사르코지는 새로운 법안의 효용성에 대해서는 의문을 갖고 있는 것 같다. 그는 1989년 최고행정재판소의 판결로 이미 해결된 사건을 재론할 필요가 없으므로 새 법의 제정은 불필요하다고 주장했다.[113] 사르코지는 대부분의 여당 의원과 달리 이 법의 제정에 반대표를 던졌다.

앞서 지적했듯이 이 주제에 대해서는 좌파와 우파의 입장이 명확히 구분되지 않으며, 심지어 정부 각료들끼리도 미묘한 입장 차이를 보인다. 교육부 장관인 뤼크 페리 Luc Ferry는 9월 16일, '종교적 상징물의 교내 착용 금지법'이 '순교자'를 낳을 것이라면서 법 제정에 반대했다. 이러한 점에서 그는 "교내 히잡 착용이 100건이라면 그 가운데 10건만이 소송으로 비화된다"고 주장하면서 "1년에 10건의 소송을 해결하기 위해 새로운 법을 만든다는 것은 너무 무모하다"고 판단했다. 뤼크 페리는 또한 1989년의 최고행정재판소 판결은 "공동체 생활에 위험이 따를 때" 학교장이 종교적 상징물 착용을 금지할 수 있게 한 것으로, "사람들은 이 법을 때로 망각하지만, 이 법은 그래도 학교가 어려움에 처해 있을 때 학교장이 매우 확고한 입장을 취할 수 있게 해준다"고 주장한다. 그는 결론적으로, "다음 법안에 정교 분리, 공화국, 반공동체주의 문제에 대한 엄격한 조항을 설치할" 것을 제안했다. 한편으로 그는 "말의 중요성을 학생들이 이해하게끔 해야 한다. 학생들은 가볍게라도 반유대적이거나 인종 차별적인 언행을 해서는 안 된다. 즉, '더러운 유대인sale juif'이라는 말이 '바보천치'라고 말하는 것과 같지 않다는 것을 학생들에게 이해시켜야 한다"[114]면서 종교나 인종 문제에 대한 교육의 필요성을 강조했다. 교육부 장관인 뤼크 페리의 관점은 앞서 언급한 사회부 장관 피용의 견해와는 분명 다르다고 볼 수 있다.

스타지 위원회에 앞서 정교 분리 원칙에 대한 새로운 보고서를 제출한 이는 집권 여당인 대중운동연합의 원내총무이자 하원 부의장이며, 시라크 대통령의 최측근 중 한 명이라 할 수 있는 바루앵François Baroin이다. 그는 라파랭Jean-Pierre Raffarin 총리와 같은 우파의 중심 인물들과 함께 '토론과 제안'이라는 인터넷 홈페이지[115]를 운영하면서 주로 이곳에서 자신의 의견을 개진하고 있다. 당시 그가 가장 관심을 갖고 있었던 것이 바로 정교 분리 원칙의 문제였다. 이 주제에 대한 그의 관점은 매우 시사하는 바가 크다.

바루앵은 1905년의 정교분리법을 재정의하고 학교에서의 히잡 착용을 금지하기 위한 새로운 법의 필요성을 강조했다. 그는 현재 정교 분리 원칙이 흔들리고 있다고 판단했다. 그가 이 문제에 관심을 갖게 된 것은 물론 학교에서의 히잡 착용에 대한 논쟁 때문이었지만, 더 직접적으로는, "신의 이름으로 지구상에서 전쟁이 일어났을 때", 즉 2003년 봄 이라크전

이 일어났을 때, 이 전쟁과 관계가 있는 프랑스 내의 여러 다른 공동체들에게 영향이 미쳤기 때문이었다. 정교 분리 원칙에 대한 가장 커다란 위협은 바로 이러한 공동체주의의 성장이라는 것이 그의 주장이다. "공동체주의는 한 공동체의 구성원들을 정교 분리 원칙으로부터 격리시키고 게토화한다." 그러므로 이 현상은 동화의 원칙과 밀접하게 관련돼 있다고 볼 수 있겠다. 바루앵은 그의 주장이 무슬림을 겨냥하고 있는 것이 아니냐는 한 기자의 질문에, 사실상 그것을 인정했다.[116] 그리고 무슬림들이 공화국 정신에 반하는 요구를 많이 하기 때문이라고 이유를 밝혔다. 그는 학교에서 히잡을 착용하는 것이라든지, 공공 수영장에서 히잡을 착용한 여성들을 위해 그들만의 시간을 별도로 할애해줄 것을 요구하는 것 등을 예로 들었다. 이러한 것이 바로 '표류하는 공동체주의'를 보여주는 것이며 이것은 정교 분리뿐만 아니라 공공 서비스에 평등하게 접근할 권리까지 위협한다는 것이었다. 그는 "그들이 내일 학교에서, 공공 교통 수단에서, 동사무소 창구 앞에서 따로 공간을 마련해달라고 요구하지 않으리라는 법이 있는가?"라고 반문했다. 바루앵은 인종분리주의를 떠올리게 한 당시의 대중운동연합 총재인 쥐페Alain Juppé의 발언에 공감하면서, 지금 히잡 문제에만 국한시켜 논의를 진행하는 것은 분명 실수라고 주장했다.

바루앵은 기존 논의들을 모두 합쳐 정교 분리 법안을 기안할 것을 제안했다. 그에 따르면, 이 제안은 특정 종교와 인물을 겨냥하기 위한 것이 아니라, 공공 영역에서 정교 분리 원칙이 적용되도록 명확한 가이드라인을 제시하기 위한 것이다. 바루앵은 공동체주의가 프랑스인들의 공화국 협약——'단일하고 분리될 수 없는 공화국'——과 프랑스인들의 정체성을 실제로 위협하고 있다고 생각했다. 그는, 사회당 지도자 가운데 한 사람인 랑이 1980년대 말에는 '차이에 대한 권리'의 수호자였지만, 지금은 학교에서의 히잡 착용을 금지하는 입장을 취하게 되었다는 것은 시사하는 바가 매우 크다고 지적했다. 그는 공화국의 가치, 즉 정교 분리 원칙을 오늘날 재확인해야 하며, 인권과 정교 분리 원칙은 모순적일 수도 있음을 용기 있게 말해야 한다고 일관되게 주장했다.[117]

바루앵은 또한 한 잡지와의 인터뷰에서 정교 분리 원칙과 관련해 프랑스 혹은 다른 유럽 국가에서 일어나고 있는 여러 문제에 대해 명확하게 자신의 입장을 밝혔다. 당시 독일에서는 학생이 아니라 교사가 히잡을 착용하고 수업을 했다고 하여 해고된 사건이 있었다.[118] 한 기자가 "학생이 히잡을 착용하는 것이 문제가 되는 것이 아니라 학교 교사와 교육 내용이 정교 분리 원칙에 위배되는 것이 오히려 문제가 아닌가?" 하는 질문을 던지자 바루앵은 "단순하고 명확한 원칙으로 되돌아올 필요가 있다"고 말했다. 그는 "학교의 성역화"를 언급하며, 학교가 교사 혹은 학생, 그 무엇의 압력으로부터도 보호되어야 한다는 점을 강조했다. 왜냐하면 그러한 압력 가운데 일부는 프랑스 공화국의 원칙을 파괴할 수도 있기 때문이다. 그의 견해에 따르면, 오늘날 초등학교나 중·고등학교의 점심 시간에 기독교인, 무슬림, 유대인에게 각기 다른 식사가 제공되고 있는 것도 이미 공화국 원칙이 침해되고 있음을 보여주는 예다. 론알프의 '프랑스 내 유대인 대표자 회의Conseil représentatif des Institutions juives de France' 의장인 자쿠보비치Alain Jakubowicz가 모든 이에게 정교 분리 원칙이 동등하게 적용되어야 한다고 주장하며 공화국 달력에 표시되어 있는 기독교 축일을 지우든지, 아니면 공화국 달력에 유대교, 이슬람교 축일까지 포함시킬 것을 제안[19]한 것에 대하여 바루앵은 그것은 자신이 제안한 '새로운 정교 분리 원칙'과 관련이 없으며, "가능하고 진실한 제안과 선동적인 제안을 구별해야 한다"고 설명했다. 그러면서 종교적 상징물의 착용을 근본적으로 막기 위해 학생들에게 교복을 입혀야 한다는 자신의 제안이야말로 진실한 제안이며, 자신이 시장으로 있는 트루아 시에서는 이미 이 문제를 논의할 준비가 되어 있다고 말했다.[120] 대표적인 정교 분리 원칙의 수호자로 알려진 프랑마송franc-maçon(프리메이슨)이 학교에서의 히잡 착용을 금지하는 법안에 찬성하는 것은 물론, 1905년의 정교분리법을 수정하는 것에 반대하기까지 하는 것에 대해 바루앵은 자신이 프랑마송 대표자의 아들로 태어난 만큼 정교 분리 원칙의 가치를 누구보다도 잘 안다고 주장했다.[121]

프랑스 정부 각료들과 주요 우파 정치인들의 히잡 착용에 대한 입장들은 이상과 같다. 이들의 입장은 원칙적으로 학교 및 공공 시설에서의 히잡 착용을 반대하는 것이지만, 해결책과 관련해서는 미묘한 차이를 보인다. 특히 이 사안의 주무 장관이라고 할 수 있는 교육부 장관은 가장 '미온적'이라고 할 수 있는 반면, 이것을 사회 연대 문제의 하나로 다루는 사회부 장관, 이민 및 국내 종교 문제를 담당하는 내무부 장관은 좀 더 강경하다고 볼 수 있다. 물론 이러한 각각의 입장들을 정치가 개인의 소신으로 보아야 할지, 부처의 이해 관계와 직접 연계시켜야 할지는 명확히 판단하기 어렵다. 다만 우리가 지적할 수 있는 한 가지 중요한 사실은, 이 문제가 프랑스 공화국의 가치와 관련해 매우 중요하다는 것을 이들 모두가 인식하고 있다는 것이다.

(3) 좌파 정치인들의 입장

좌파 정치인들도 우파 정치인들 못지않게 공화국의 가치 수호를 중시한다. 제1공화정 수립 이후, 공화국 수호에 좌우가 함께한 대표적인 몇몇 사건 —— 1889년의 불랑제 사건, 노동총연맹의 제1차 세계대전 참전과 신성동맹, 1935∼1936년의 인민전선 등 —— 만 보더라도 이를 알 수 있다. 최근의 가장 극적인 예로는 2002년 대선에서 좌파가 "공화국을 구하자!"라는 구호와 함께 민족전선의 후보 르 펜에 반대하여 시라크를 지지한 사건을 들 수 있다. 이는 좌파가 자신들의 기존 입장을 포기하면서까지 좌우 연합을 통해 공화국을 수호하고자 한 사례다. 물론 성격이 다른 사안이긴 하지만, 학교 내에서의 히잡 착용과 관련해서도 좌파 인사들 역시 공화국의 중요한 원칙을 수호하는 것이 우선이라는 데에는 이견이 없는 듯하다. 그렇지만, 대체적으로 좌파 인사들은 이 문제에 대해 상대적으로 말을 아끼는 편이다.

좌파 정치인들 가운데 우파 정치인들과 유사한 입장을 보여 주목을 받는 이가 있는데, 그는 미테랑François Mitterrand 대통령 시절에 교육부 장관과 문화부 장관 등을 지낸 랑Jack Lang이다. 좌파 정치인 가운데에서는 드물게 정교 분리 원칙을 공개적으로 강조하는 그는 최근 학교에서의 히잡 착용을 엄격히 규제해야 한다는 입장을 여러 차례 표명했다. 그렇지만 그도 과거에는 이와는 다른 입장을 취했다. 1989년 이래, 그는 학교 내에서 히잡을 '용인'하는 최고행정재판소의 견해와 이를 따르는 조스팽 당시 교육부 장관의 결정을 옹호했다. 그러나 2003년에 와서는 한 잡지와의 인터뷰에서 "나는 여전히 동화주의 원칙을 지키고 차이를 불식시켜줄 학교, 즉 우리 사회의 유일하면서 진정한 용광로인 공화국 학교의 능력에 대한 믿음을 갖고 있다. 학교를 지원하기 위해, 그리고 교사들을 돕기 위해 우리는 모든 노력을 기울여야 한다"라고 말했다. 이를 위해 그는 히잡 착용을 금지하는 법을 제안했다. 랑은 학교 내에서의 히잡 착용에 대한 자신의 입장이 변화한 이유에 대해, 몇 가지 국내 및 국외 상황의 변화 때문이라고 설명한다.

이슬람주의는 특히 게토에서 강화되었다고 볼 수밖에 없다. 이러한 공간적인 격리와 사회적인 격리로 인해 수백만의 사람들이 문화적 빈곤la misère culturelle 하에 놓이게 되었는데…나는 많은 무슬림 친구들에게 이러한 상황에 대한 이야기를 듣고 기존의 입장을 바꾸었다. 일부 소녀들은 이슬람주의자들에 의해 히잡 착용을 강요당하고 있다는 말까지 들었다…결국 나의 생각은 변했고, 그 당시까지 분명히 옳다고 여겼던 최고행정재판소의 견해가 지금은 적합하지 않다고 생각된다. 시대가 변했다. 현재는 정교 분리와 중립을 강화할 필요가 있다는 것을 인정해야만 한다.[122]

나는 하나의 법안을 막 제출했는데, 이것은 특정 종교에 속하는 것을 외부적으로 드러내는 상징물을 학교 내에서 금지시키도록 요구하는 법안이다. 이 법안은 어느 특정 종교를 표적으로 삼고 있지 않다. 왜냐하면 공동체주의에 대한 비난 뒤에서는 때때로 일종의 암묵적 인종주의가 세를 넓힐 수 있기 때문이다. 내 법안은 모든 종교를 포괄하고 있으며, 히잡과 키파뿐만 아니라 십자가에도 해당된다는 것은 명백하다.[123]

마지막으로 랑은 자신의 입장 변화가 단순한 변덕이나 유행의 결과가 아니며, 오랫동안 숙고한 끝에 이루어진 것이라고 못 박았다. 랑은, 예를 들면 우파나 좌파 인사들, 대통령 시라크, 총리 라파랭, 교육부 장관 뤼크 페리 그리고 자신과 같은 많은 정치인들이 오늘날 학교에서 종교적 상징물을 착용하는 데 반대하고 있는데, 그것이 입법에 반영되지 않고 있다는 것은 역설적이지 않느냐고 자문한다. "나로서는 개인적인 입장과 공식적인 입장에 차이가 없다. 내 경우 상대적으로 최근에 입장이 바뀌었다. 그렇지 않다면 내가 교육부 장관이었을 때 적극적으로 행동을 했을 것이다. 이 주제가 매우 민감하기 때문에 많은 정치인들은 언급하기를 주저한다. 야당 인사이면서 전 교육부 장관인 내가 오늘날 교사들에게 결정적인 도움을 제공할 법안을 제출하는 만큼, 어쩌면 좌우파 만장일치로 신속하게 이 법안이 채택될 수 있을지도 모르겠다."[124]

한편 현 사회당 서기장인 올랑드François Hollande도 히잡 착용에 대한 자신의 입장을 스타지 위원회에서 밝혔다. 우선 그는 1905년 법의 수정에 반대하고, 학교에서의 히잡 착용을 금지하는 법 제정에 유보적인 태도를 보였다. 그러면서 "시민의 권리와 의무"를 정의하는 '정교 분리 선언'의 제정을 제안했다.[125] 사회당 서기장의 측근으로 올랑드를 수행했던 글라바니Jean Glavany 전 농산부 장관은 정교 분리 선언이 시민들에게 "유용한 길잡이"가 될 것이라고 부연했다. 그러나 사실 이러한 생각이 새로운 것은 아니었다. 이미 랑이 교육부 장관 시절인 2002년 1월에 '학교에서의 정교 분리에 관한 제안 및 숙고 전국 위원회'를 창설했는데, 이 위원회 역시 하나의 선언을 만들자고 제안했었다. 그렇지만 우파인 뤼크 페리가 새로 장관이 되면서 더 이상 회의가 열리지 않게 되었고 정교 분리 선언에 대해서도 더 이상의 언급이 없었다.

올랑드가 랑과 같은 입장에 섰다고 한다면, 이는 조스팽과는 약간 거리를 둔 것으로 볼 수 있다. 1989년 당시 교육부 장관이었던 조스팽은 학교에서의 히잡 착용 문제에 있어서 최고행정재판소의 '현명함'에 모든 것을 맡겼다고 볼 수 있다. 그리고 최고행정재판소는 각 학교의 교장들에게 평가를 맡긴 셈이었다. 그러나 2003년 9월 9일에 올랑드는 "공화국의 영토 내에서 똑같이" 그리고 모든 학교에 동일하게 적용되는 보편적 규정을 정의할 것을 제안했다. 그는, 규정을 통해 이러한 문제를 해결할 수 있을 것이고, 만일 그것이 가능하지 않다면, 법 적용이 필요불가결할 것이라고 생각했다. 2003년 5월 디종에서 열린 사회당 전당대회에서 전 총리인 파비우스Laurent Fabius 역시 이와 비슷한 입장을 보였다. 반대로 릴 시장인 오브리Martine Aubry를 비롯한 다른 연사들은 신념을 바꾸지 않았다. 즉 히잡을 착용한 소녀들을 퇴학시키는 법은 불필요하다는 것이었다.[126] 사회당 내부의 토론 책임을 맡은 글라바니의 발언은 이 문제의 복잡성을 잘 보여준다. "우리 모두는 학교에서의 히잡 착용에 반대한다. 그러나 공화국의 가치는 배제보다는 톨레랑스와 더 잘 부합된다. 학교에서 퇴학당한 소녀들은 어디로 갈 것인가? 이슬람 급진주의자들의 집합소로?"[127]

이상에서 보듯이 우파 정치인과 좌파 정치인, 그리고 정부 각료가 모두 학교 내에서의 히잡 착용에 반대했다. 그러나 그 해결책에 있어서는 각 정파마다, 그리고 각료들마다 미묘한 차이를 보였다. 바루앵이나 랑과 같이 '종교적 상징물'에 대한 적극적인 규제책을 마련하고자 하는 사람이 있는 반면, '모호한' 발언으로 상황을 모면하는 사람, 혹은 학생을 퇴학시키는 법 제정에는 반대하는 사람도 있었다. 그렇지만 결국 이들에게 적당한 명분만 주어진다면 법 제정에 적극적으로 반대할 사람은 많지 않을 듯한 분위기였다. 이러한 분위기는 2004년 3월 15일에 법 제정으로 현실화되었다.

3. 공화국의 단호함: '3월 15일 법'의 제정과 그 명분

2003년 12월 프랑스 공화국 대통령은 '종교적 상징물 착용 금지' 법안 작성을 공식적으로 지지했으며, 이 법안은 2004년 2월에 프랑스 하원에서, 2004년 3월에 프랑스 상원에서 각각 여야 의원들 대다수의 찬성으로 채택되었다. 이는 10여 년 동안 계속되어온 프랑스 내 무슬림 여학생들의 히잡 착용 문제에 대한 논란을 일단락 짓는 것이었다. 다수 여론의 지지를 받고 있는 프랑스 정부의 이와 같은 조치를 우리는 어떻게 해석할 수 있는가?

앞에서 살펴본 것과 같이 정치인들은 여야를 떠나 언제든지 이 법의 제정에 찬성할 준비가 되어 있었다. 단지 법 제정에 찬성하는 데 명분이 필요했을 뿐이었다. 이 논쟁의 가장 유력한 근거로 떠오른 것은 프랑스 공화국과 정교 분리 원칙의 관계였다. 정교 분리 원칙의 이름을 빌리면 히잡 착용을 금지해야 한다는 데 찬성케 하는 것이 어렵지 않았다. 2004년의 특수한 사회 분위기도 이들에게 우호적이었다. 마침 정교 분리법 제정 100주년(2005년)을 한 해 앞둔 시점이어서 이 주제와 관련된 기사, 기고문, 지식인들의 글들이 갑작스레 홍수처럼 쏟아졌다.[128] 게다가 현재 뜨거운 감자로 떠오른 히잡 사건과 연결시킬 수 있으니 금상첨화였는데, 이러한 저술의 대다수는 교내에서의 종교적 상징물 착용을 금지시키는 법에 찬성하는 논조였다.

그렇다면, 무슬림 여학생들이 학교 내에서 히잡을 착용한 것이 진정 정교 분리 원칙에 위배되는 것인가? 프랑스는 '단일하고 분리될 수 없는' 공화국의 정체성을 지키고 세속 공화국을 유지[129]한다는 명분으로 이 상황에 정교 분리 원칙이라는 잣대를 들이댄 것은 아닌가?

앞서 언급한 대로 시라크 대통령은 2003년 7월 3일에 스타지 위원회를 구성했는데, 이 위원회는 같은 해 연말에 최종 보고서(이하 '스타지 보고서')[130]를 제출했다. 또한 하원 의장 드브레의 책임 하에 구성된 위원들도 하나의 보고서(이하 '하원 보고서')[131]를 제출했다. 그리고 이들이 제시한 법안이 마침내 2004년 3월 15일에 국회(상하원)에서 통과되었고, 같은 해 5월 18일에 교육부는 '3월 15일 법'의 시행 세칙[132]을 내놓았다.[133]

이제 프랑스 공화국이 어떠한 이유에서 학교 내 히잡 착용을 공화국의 정교 분리 원칙에 위배되는 것으로 간주하는지 두 가지 측면으로 나누어 설명해보자. 우선은 학교와 정교 분리 원칙의 관계를 이론적으로 검토한 후, 구체적인 역사적 배경을 바탕으로 학교와 정교 분리 원칙의 관계를 살펴보겠다. 그 다음으로, 학교 내에서 '종교적 상징물'을 착용하는 것 자체가 정교 분리 원칙에 위배되는 것인지를 고찰할 것이다.

첫 번째 문제를 위해서는 우선 프랑스에서의 학교의 역할, 정교 분리 원칙과 학교의 관계, 더 나아가 학교 내에서 정교 분리 원칙이 고수되어야 하는 이유를 논해야 한다. 일반적으로 공화국 내에서 "학교는 지식을 얻는 장소일 뿐만 아니라

시민 의식을 함양하는 특별한 장소"로 여겨진다.[134] 학생들의 시민 의식 함양을 위해서는 학교가 공화국의 가치, 즉 "인간의 존엄성, 남녀 평등, 자기 삶의 방식에 대한 자유로운 선택권"을 교육해야 하고, "개개인의 자유 의지"를 강화·발전시켜야 하며, "모든 학생들 사이의 평등"을 보장해야 한다. 이뿐만 아니라 학교는 "모두에게 열려 있는 형제애"를 고양해야 한다.[135]

이와 같이 공화국의 가치를 전달하기 위한 장소인 학교와 정교 분리 원칙은 어떠한 관련이 있는가? 학교 교육과 같은 공공 서비스는 중립적[136]이어야 하며, 그렇기 때문에 학교는 학생 한 명 한 명의 정체성을 존중하고 공평성을 보장해야 한다는 것이 정교 분리 원칙의 대전제다. 특히 성인이 아니라 감수성 예민한 미성년이 모인 학교 내에서 이러한 정신을 존중하기 위해서는 모든 사람의 자기 절제가 반드시 필요하다.[137] 그러므로 "국가는 개인의 신앙의 자유를 보장해야 한다"(1905년 법 제1조)[138]는 이 정교 분리 원칙에 따라 학생들은 "가장 심화된 형태의 공동체주의적 요구와 차이를 주장하는 선전·선동 행위로부터 보호되어야 하는 것이다".[139]

종교적·철학적 신념과 무관하게 모든 학생들을 받아들일 의무가 있는 초·중·고등학교를 공동체주의적 요구와 압력으로부터 보호하기 위해서, 2004년에 제정된 새로운 법은 개개인의 신앙의 자유를 보장할 것을 다시 한번 강조했는데, 그 바탕에는 정교 분리 원칙이 자리 잡고 있다.[140] 즉, 정교 분리 원칙은 각 개인의 신념을 존중하는 데 기반을 두고 있기 때문에, 이 원칙을 수호하기 위해서 공화국은 모든 형태의 차별에 대해 확고히 투쟁하지 않으면 안 된다. 그러므로 공공 교육 서비스 종사자들은 인종 차별, 남녀 차별, 그리고 특정 종교나 국가에 속한다는 이유로 한 개인에게 가해지는 모든 형태의 폭력에 대해 최고의 경계심과 단호함을 보여야 한다.

지금까지 왜 학교 내에서 정교 분리 원칙이 수호되어야 하는지에 대한 이론적 배경을 여러 자료를 통해 살펴보았다. 이제 우리는 이러한 프랑스 당국의 공식 설명 외에 또 다른 각도에서 이 문제에 접근해보고자 한다. 즉 공화국과 학교의 관계를 이해하기 위해 19세기 말 혹은 20세기 초의 역사적 배경을 설명하는 것은 이러한 이론적 해석을 보완하는 데 도움이 될 것이다. 일반적으로 세속 공화국과 공립학교의 관계는 종교와 성소의 관계에 비유된다.[141] 이는 기독교와 교회의 관계이며, 불교와 사찰의 관계라 할 수 있다. 그렇기에 히잡이라는 이슬람식 복장을 하고 공화국의 성소, 즉 공립학교에 '침입'하는 행위가 용인되지 않는 것이다.[142] 이는 무슬림에게만 적용되는 것이 아니다. 가톨릭 신자는 커다란 십자가를 목에 걸고 등교할 수 없으며, 유대교 신자는 키파를 쓰고 등교할 수 없다. 현재 공립학교뿐만 아니라 다른 공공 기관에서도 '종교적 상징물'을 겉으로 드러내는 문제로 충돌이 있기는 하지만 논쟁의 중심은 어디까지나 학교라고 할 수 있다.[143]

그렇다면 왜 공립학교가 공화국의 '성소'가 되었는가? 이 문제를 이해하기 위해서는 학교와 정교 분리 원칙에 관한 역사적 기원을 살펴보아야 한다. 1905년에 당시 집권파인 공화주의자들에 의해 '교회와 국가의 분리에 대한 법 loi concernant la séparation des églises et de l'État'이 채택됨에 따라 국가는 어떠한 종교로부터도 독립적이어야 한다는 것이 프랑스 공화국의 중요한 원칙이 되었다. 이 원칙의 근원은 19세기 말에 공화파가 가톨릭 교권주의자들과 왕당파로부터 공화국, 즉 제3공화국을 수호하려 했던 사실에서 찾을 수 있다.[144] 이를 위해 쥘 페리와 베르Paul Bert는 학교를 가톨릭 교권주의자의 손에서 벗어나게 하는 조치를 시행했다.[145] 1882년 3월 28일에 법으로 의무 교육과 교육 과정의 세속화가 제도화되었으며, 도덕 종교 교육은 도덕 공민 교육으로 대체되었다. 이러한 교육 과정의 세속화에 이어 4년 후에는 교사들의 세속화가 진행되었다. 1886년 10월 30일에 "모든 분야의 공립학교에서 교육 종사자는 전적으로 라이크laïque, 즉 성직자가 아닌 사람으로 한정된다"라는 법적 규정이 명시된 것이다. 이러한 조치로 인해, 1880년에 1만 3,000개 이상 되었던 종교 학교가 1912년에는 27개도 채 남아 있지 않았다.[146] 이는 공화주의자들이 정교 분리라는 원칙 하에 교권주의자들로부터 교육권을 쟁취함으로써 얻은 가시적 결과물이었다. 교육은 미래의 시민을 양성하는 데 가장 중요한 일이기 때문에 계속해서 교권주의자들의 손에 학생들을 맡길 수는 없다고 공화주의자들은 판단했던 것이다. 이러한 역사적 경험이 오늘날의 프랑스 공립학교와 정교 분리 원칙의 관계를 설정하고 있는 기본 배경이다.

그러면 이제 다음과 같은 문제만 남는다. 학교 내에서 '종교적 상징물'을 착용하는 것이 과연 정교 분리 원칙에 위배되는 것인가? 또한 지금까지 커다란 십자가나 유대인 학생들의 키파는 정교 분리 원칙과 관련하여 문제를 일으키지 않았는데, 왜 유독 히잡을 쓴 무슬림 여학생들은 퇴학 처분까지 받아야 했는가?[147)

첫 번째 질문에 대해서는 프랑스인들 사이에서 혹은 프랑스 정부에서 많은 논란이 있어왔다. 학생이 단순한 종교적 상징물을 착용했다고 하여 퇴학을 당해야 하는가? 이는 단순한 종교적 상징물의 착용이 학교 내에서 정교 분리 원칙을 심각하게 침해하는 일인지에 대한 판단을 요구하는 것이다. 이 문제는 종교적 상징물의 착용이 선동의 목적을 가지고 있는가, 또 종교적 상징물과 전통(문화)에 따른 차림새와 단순히 멋을 위한 차림새를 어떻게 구분할 것인가[148) 등의 논란으로 확산되었다. 1989년 11월의 최고행정재판소 판결과 2004년의 새로운 법의 시행 세칙의 내용이 다르다는 것은 그간 상황이 많이 변했음을 반영한다. 즉, 1989년의 판결은 학생들이 종교적 상징물을 착용했더라도 선동의 목적이 없다면 퇴학시킬 수 없다고 했는데, 2004년의 법은 가시적인 종교적 상징물의 착용만으로도 퇴학의 요건이 된다고 규정하고 있는 것이다. 이는 무슬림 여학생들의 교내 히잡 착용 고수에 대해 프랑스 사회가 최근 더 '분노'하고 있음을 보여준다. 2004년의 법은[149) "학교, 즉 공립 중·고등학교 내에서 종교와 관련되어 있다는 것이 금방 드러나는 상징물이나 옷을 학생들이 착용하는 것은 금지된다"[150)라고 규정했는데, 이 법은 히잡 사건에 정부가 "아무 조치도 취하지 않고 침묵하거나 머뭇거리는 것은 공화국의 나약함을 고백하거나 무기력함을 상징하는 것으로 해석될 수 있다"는 우려가 반영된 것이다. 결국 이러한 행위는 "극단적인 가정의 유혹을 불러올 수 있고 또 파행적인 공동체주의를 강화할 수 있으므로"[151] 공화국의 주요 원칙인 정교 분리 원칙을 심각하게 위배한다는 것이 법 제정의 주요 근거였다.

그렇다면 왜 무슬림 여학생들의 히잡 착용 문제가 주요 쟁점이 되었는가? 이는 분명 대규모 무슬림 이민과 그에 대한 반감으로 프랑스 내에서 일고 있는 반(反)이슬람주의와 무관하지 않을 것이다. 이러한 영향 관계는 다음 장에서 다룰 것이고, 이 장에서는 이 문제의 직접적인 원인에 집중하려 한다. 실제로 종교적 상징물의 착용은 여러 가지 문제를 파생시킨다. 단지 종교적 상징물을 착용하는 일 자체에 그치지 않고, 특정 수업의 거부나 무단 결석[152] 등 다양한 행위로도 번지는 것이다. 흔히 무슬림 여학생들은 생물 수업은 비도덕적이라는 이유로, 체육 수업 혹은 수영 수업은 히잡을 벗어야 한다는 이유로,[153] 그리고 드물지만 음악 수업은 "사탄과의 내적 교통"[154]이라는 이유로 거부한다.[155] 심지어 특정 교사의 수업을 계속 거부하거나 의사의 '허가'를 얻어 장기간 무단 결석을 하는 일도 있다. 이러한 상황으로 인해 학교 내에서 정교 분리 원칙을 위배한다는 비난과 함께 정상적인 학교 수업이 불가능하다는 교사들의 불만이 제기되었다. 이러한 일들은 가톨릭이나 유대인 학생들에게서는 일어나지 않던 일이기 때문에 이 문제에 사회적 관심이 집중될 수밖에 없었다.[156] 결국 무슬림 학생들은 프랑스 공화주의자들의 눈에는 프랑스 사회에 통합되지 않으려는 이들로 비치기에 이르렀다.

그렇다면 여야 정치인들이 한목소리로 무슬림 학생들의 종교적 상징물 착용을 정교 분리 원칙의 심각한 훼손 행위로 해석하는 이유는 무엇인가? 히잡 사건이 처음 발생한 1980년대 말만 하더라도 과연 이 사건이 정교 분리 원칙의 훼손인가 하는 문제에서부터, 해당 학생들을 퇴학시켜야만 하는가의 문제에 이르기까지 많은 논쟁이 있었다. 물론 지금도 이 논쟁은 계속되고 있으나, 적어도 정치권이 거의 만장일치[157]로 학교 내에서의 종교적 상징물 착용을 금지하는 법안을 통과시켰다는 것은 지난 10여 년간 무슬림 이민 문제와 관련하여 프랑스 사회가 한층 더 보수화되었음을 보여주는 일례라고 할 수 있다.

제 4 장 공화국의 또 다른 얼굴
'인종 없는 인종주의'

1. 히잡 착용과 이슬람혐오주의

(1) 히잡 착용에 대한 프랑스인들의 인식

마침내 무슬림 여학생들의 교내 히잡 착용을 금지하는 법이 제정되어 2004년 9월부터 시행되었다. 많은 여학생들은 "학교를 계속 다니기 위해" 교내에서 히잡 쓰는 것을 자제했지만 전국적으로 여전히 70여 건의 분쟁이 보고되었으며, 같은 해 10월에는 세 명의 학생이 퇴학당하는 일이 발생했다. 이후 이라크에서 프랑스 기자가 납치되는 등, 이 법을 폐기하도록 압력이 가해지는 상황에서도 프랑스 정부는 법의 폐기를 전혀 고려하지 않고 있다고 밝혔다. 이러한 태도는 앞서 살펴본 '정교 분리 원칙의 철저한 준수'라는 명분만으로는 이해하기 힘든 것이다.

그렇다면 무엇이 프랑스 공화국으로 하여금 '이슬람과의 투쟁'을 계속하게끔 하는가? 이는 프랑스인들, 프랑스 정치인들의 이슬람혐오주의와 따로 떼어놓고 이해할 수 없다. 교내에서 무슬림 여학생들이 히잡을 착용한 사건과 '외부 세계'에서 일어난 이슬람주의자들에 의한 테러 사건들은 1980년대 이래 민족전선이 줄기차게 주장해온 무슬림 이민 반대 정책에 힘을 보태었고, 프랑스인들이 이슬람을 '악마화'하는 데 좋은 핑계가 되었다.[158] 한 가지 특기할 것은 이러한 이슬람의 '악마화'에는 제2차 세계대전 이후 유럽에서 더 이상 설 자리가 없어진

'생물학적 인종주의' 대신에 '문화적 인종주의(인종 없는 인종주의)' 이론이 일조했다는 것이다.

프랑스 학교에서 이슬람과 관련해 정교 분리 원칙의 문제가 처음으로 불거진 것은 앞에서 언급한 바와 같이 1989년 한 중학교에서 세 명의 무슬림 여학생이 히잡 벗기를 거부하다가 퇴학당한 사건을 통해서였다. 이 사건에서 우리는 하나의 의문을 제기하지 않을 수 없다. 이 학생들 이전에는 종교적 상징물을 교내에서 착용한 학생들이 없었는가? 유대인 고유의 모자인 키파[159]나 기독교의 커다란 십자가는 그동안 학교 내에서 공화국의 정교 분리 원칙과 관련하여 퇴학 처분과 같은 '커다란 문제'를 야기한 적이 없는데 왜 히잡만 유독 문제가 되었는가?[160] 이 사건이 일어난 이유를 무슬림 여학생을 퇴학시킨 해당 학교 교장의 개인적인 성향으로 돌릴 수 있는가?

정교 분리 원칙에 관한 대표적 역사가 중 한 명인 코크Guy Coq는《라이시테와 공화국Laïcité et République》이라는 저서에서 1989년 크레유에서 히잡 사건이 발생한 것은 반(反)이슬람 정서에 의한 것이 아니며, 이 학교 교장이 다양한 공동체 사이의 경쟁 관계를 조절해 학교를 원활하게 운영하려고 노력하는 중에 발생한 사건이라고 규정했다.[161] 실제로 이 학교에 25개의 서로 다른 국적을 가진 900명의 학생이 재학했음을 고려한다면 코크의 설명은 일면 타당하다고 하겠다. 그러나 히잡 착용을 이유로 기본적인 인권 가운데 하나인 학생의 학습권까지 박탈하는[162] 조치가 과연 프랑스인의 반이슬람 정서와 무관할 것인가?

히잡을 착용하는 것이 왜 프랑스인들에게 '두려움'을 주는가? 히잡은 단순히 종교적 상징물에 불과한가? 앞서 히잡 착용에 대한 일반론을 거론했지만, 다시 한번 그 의미를 몇 가지로 나누어 살펴보자. 일반적으로 히잡 착용은 크게 네 가지 의미를 가지고 있다고 설명된다.[163] 첫째는 정숙함의 표시다. 즉 제3자의 성적 도발로부터 자신을 보호하는 역할을 한다. 즉, 히잡을 쓴다는 것은 "나를 건드리지 마!"라는 표시다. 이러한 경우, 정교 분리 원칙에 대한 도전으로 비난받을 일이 아니다. 두 번째는 부모의 강압에 의해 히잡을 착용하는 경우다. 이는 무슬림 소녀들이 부모의 압력을 받고 있음을 뜻하지만, 공화국은 지금까지 미성년에 대한 부모의 권위를 인정해 왔고 국가가 적법한 권위에 반대할 명분도 없다. 세 번째는 이 소녀들이 공동체주의의 일환으로 히잡을 쓰는 경우다. 즉 자신의 고유한 문화를 나타내기 위함이라는 것인데, 이는 다른 말로 하면 프랑스 문화, 더 나아가 서구 문화에 대한 거부감을 표시하는 것이다. 네 번째는 이 소녀들이 단순히 종교적인 의무 사항으로 히잡을 쓰는 경우다.[164] 프랑스인들에게 무슬림 여학생들의 히잡 착용은 일반적으로 어느 경우로 인식되는가? 이것은 당사자들이 어떤 의미로 히잡을 착용하느냐와는 크게 관련이 없는 듯하다. 일단 프랑스인들에게는 이러한 행위가 '차이를 분명히 하는' 정치적 의사의 표현이자 공동체주의의 일환으로 보인다. 특정 종교의 단순한 상징 정도가 아니라고 판단하는 것이다. 또한 히잡 착용은 일부다처제, 강제 결혼 문제와 함께 흔히 여성에 대한 차별이나 억

압과 관련해 언급되고 있다.[165] 게다가 프랑스인들은 무슬림 소녀들의 히잡 착용은 자발적인 행동인 경우는 매우 드물고, 대부분 가족을 넘어 이슬람 급진원리주의자들의 영향을 받고 있는 것으로 판단한다.[166] 실제로 히잡 사건에서 정부 측의 조정 역할을 맡은 셰리피Hanifa Chérifi의 보고서에 따르면, 리옹에 사는 한 여학생은 실업자인 아버지를 재정적으로 돕기 위해 이슬람 원리주의 단체로부터 1,000프랑을 받는 조건으로 히잡을 썼다고 고백했다.[167] '이민 통합 문제'의 권위자인 국립학술원(CNRS)의 자클린 코스타-라스쿠Jacqueline Costa-Lascoux 교수는 한 대담에서 학업을 계속하려는 학생의 부모에게 이슬람주의자들이 접근해 금품을 미끼로 히잡 착용을 요구한 경우를 소개했다. 그녀에 따르면, 히잡의 두께, 길이, 색깔에 따라서도 '보조 금액'이 달라질 수 있다.[168] 또한 일부 여학생의 경우 심지어 자신이 히잡을 벗으면 죽을지도 모른다고 두려워하기도 했다.[169] 이렇게 볼 때, 히잡 사건을 보는 프랑스인들의 시각에는 학교 내에서의 정교 분리 원칙에 위배된다는 기본적인 인식을 넘어 무슬림 이민 공동체 혹은 이슬람이라는 종교에 대한 부정적인 인식이 담겨 있다.[170] 결과적으로, 프랑스 정부가 취한 입법 조치, 즉 정교 분리 원칙을 수호하기 위해 프랑스 공화국이 취한 일련의 조치는 공동체주의의 출현을 막기 위한 조치인 동시에 그동안 표출되지 않고 내재되어온 프랑스인들의 이슬람혐오주의와 궤를 같이하는 것이라고 볼 수 있는 것이다. 히잡 사건을 통해 나타난 프랑스인들의 정교 분리 원칙에 대한 주장과, 공동체주의에 대한 반대, 그리고 이슬람혐오주의는 결국 일맥상통하는 것이라고도 할 수 있겠다.

(2) '히잡 사건'과 이슬람혐오주의의 강화

'3월 15일 법'의 제정과 프랑스 내에서의 이슬람혐오주의의 확산이 매우 밀접한 관련이 있다는 논지를 강화하기 위해 나는 크게 두 가지 논거를 제시하고자 한다. 하나는 히잡을 둘러싼 논쟁이 프랑스에서 단순히 정교 분리 원칙과 관련해서만 벌어진 것이 아니라, 인종 차별 문제 혹은 이슬람혐오주의와 관련해서도 빈번히 벌어졌음을 밝힘으로써 히잡 사건이 프랑스인들의 이슬람혐오주의와 궤를 같이할 수 있음을 보여주는 것이고, 다른 하나는 프랑스 사회에 내포된 반이슬람 정서를 프랑스의 언론과 정당을 통해 살펴봄으로써 히잡 사건이 프랑스인들의 이슬람혐오주의와 무관하지 않음을 보여주는 것이다.[171]

1989년의 히잡 사건에서 인종 차별 문제가 처음 언급된 것은 퇴학당한 여학생들의 변론을 맡은 베르제스Jacques Vergès 변호사에 의해서다. 프랑스의 유명 변호사인 베르제스가 사건 직후 해당 학교의 교장을 어린 여중생에 대한 인종 차별 혐의로 고소하려는 뜻을 내비쳤던 것이다. 이후 일부 언론은 그 교장이 유대인이라는 것[172]을 언급하면서 이 사건을 인종 사이의 갈등으로 몰아가기도 했다.[173] 이러한 경향은 히잡 착용을 둘러싼 문제가 인종 차별 문제에서 자유로울 수 없음을 단적으로 보여주는 것이라고 하겠다.

이 사건과 관련해 자연히 많은 시민 단체들이 논의에 참여했다. 1989년 말의 한 여론 조사에서는 이 사건의 해결에 가장 적합한 인물로서 미테랑 대통령을 제치고 'SOS-라시슴 SOS-Racisme'[174]의 대표인 데지르Harlem Désir가 꼽혔다. 그는 '차이에 대한 권리'에 반대하던 이 단체의 전통을 깨고 '엄격한 정교 분리 원칙'을 비난했다. "비록 그것이 선동적이라 할지라도, 종교적 상징물을 착용했다는 이유로 학생을 퇴학시켰다면 그것은 가장 나쁜 태도 가운데 하나"라고 주장했던 것이다. 물론 그는 이 주장에서 인종주의 문제를 제기하는 것을 잊지 않았다.[175] SOS-라시슴과 경쟁 관계에 있는 친공산계의 '인종주의·반유대주의에 반대하고 평화를 옹호하는 운동Mouvement contre le racisme, l'antisémitisme et pour la paix(MRAP)' 역시 지체 없이 크레유 중학교의 책임자들을 비난했으며, 히잡을 착용한 또 다른 여학생을 퇴학시킨 마르세유의 직업교육고등학교Lycée d'enseignement professionnel (LEP) 교장을 인종 차별 행위로 고소했다.[176] 이와 같은 인종 차별에 대한 빈번한 비난 및 고소는 히잡 사건이 프랑스인들의 무슬림 이민에 대한 인종 차별과 무관하지 않음을 극명하게 보여준다고 하겠다.

그러면 프랑스 사회는 정말 무슬림 이민에 대한 두려움을 갖고 있는가? 프랑스의 오랜 식민지였던 알제리를 위시해, 모로코, 튀니지 등 북서부 아프리카인들에 대한 프랑스인들의 감정은 복합적일 것이다. 프랑스인들은 한편으로는 이들 마그레브인들에 대해 과거의 종주국으로서 우월감을 가질 수 있지만, 다른 한편으로는 이들의 대규모 이주 앞에서 미래에 대한 두려움을 가질 수도 있다. 프랑스의 일부 언론들은 자국민들에게 특히 후자를 부각시킴으로써 이슬람에 대한 공포를 자극하고 있다. '차도르를 두른 마리안'을 대중 잡지의 표지에 내세운다든지,[177] 히잡이라는 것을 스카프를 의미하는 '풀라르'나 '부알'이라는 말로 지칭하는 데 그치지 않고 차도르라고 지칭하는 일 등이 그러하다.[178] 이러한 일에는 좌파 언론도 한몫을 했다. 《누벨 옵세르바퇴르》가 눈만 내놓은 채 얼굴 전체를 가리고 있는 '차도르를 입고 있는 젊은 여성'을 표지에 내세운 것은 하나의 '충격'이었다.[179] 이는 프랑스 내의 일부 좌파 언론조차도 '이슬람에 대한 두려움'을 시각적으로 표현하는 데 있어서는 우파 언론과 다를 바가 없음을 보여주는 한 사례라고 할 수 있다.[180] 더 나아가서, 일반화할 수는 없지만, 혹자는 상당수의 언론들이 이슬람을 기사화할 때 '평범한 사회적 대상'으로서가 아니라 항상 '잠재적 위험'으로 표현한다고 단언한다.[181]

이들 언론뿐만 아니라 정당들도 마찬가지다. 무슬림 여학생들의 히잡 착용에 반대한 것은 비단 민족전선뿐만이 아니었다. 녹색당을 제외한 거의 대부분의 정파가 반대 입장을 보였다.[182] 정당들이 프랑스 사회의 반이슬람 정서와 무관하지 않다는 사실은 사회당의 예를 통해 알 수 있다. 앞서 언급한 대로, 1989년 당시 입장 표명을 매우 꺼렸던 사회당 소속 교육부 장관인 조스팽은 '학업권이 우선'이라는 명분으로 히잡 착용 학생들의 퇴학에 반대했다.[183] 사회당 지도부는 "히잡은 수백만의 여성들이 수십 년 동안 투쟁해온 매우 강요된 억압의 상징이다"라고 선언하며[184] 히잡 착용에 부정적이었지만, 결국 점차 히잡 쓴 여학생들을 학교에서 받아들이도록 인정하자는 조스팽주의자들에게 설득되었다. 하지만 그 기간은 길지 않았다. 11월 초 만성절 휴가 이후, 그들은 유권자들을 만나보는 가운데 무려 83퍼센트의 프랑스인들이 히잡 착용에 반대하며, 절반 이상이 이를 "이슬람주의자들의 조종"과 관련된 것으로 여긴다는 것을 알고는 점차 입장을 바꾸었다. 사회당 집행위원회는 의회 내에서의 논의를 요구하게 되었으며, 조스팽은 더 이상 자신의 입장을 관철하지 못하고, 마침내 최고행정재판소에 의견을 구하기에 이르렀다.[185] 정치인에게는 여론의 향배가 절대적이었던 것이다.

이와 같은 사회당 내에서의 입장 변화에서도 알 수 있듯이, 히잡 문제를 단순히 '정교 분리 원칙의 수호'라는 이론적 차원에서만 설명하기는 어렵다. 프랑스 사회 내에서의 반이슬람 정서가 정당의 입장에 그대로 반영될 수밖에 없는 상황에서 프랑스 정치권은 결국 히잡 착용을 금지하는 법의 제정에 동의하지 않을 수 없었고, 또한 유권자의 표심 때문에 대부분의 정당은 이 법안에 찬성하지 않을 수 없었다.

이러한 분위기는 정치권에만 국한되지 않는다. 프랑스 내 정교 분리 원칙 문제의 최고 권위자 가운데 한 명으로 꼽히는 보베로Jean Baubérot 교수는 오늘날 프랑스 사회에서 무슬림 여학생들의 히잡 착용을 공개적으로 찬성하기가 매우 어려운 분위기라고 지적한다. 스타지 위원회에서 '종교적 상징물 착용 금지법' 제정 시도에 대해 유일하게 반대표를 던진 그는 일부 시민 단체들이 "(3월 15일) 법에도 반대하고 히잡 착용에도 반대"하는 이중적인 입장을 취해야만 했고, 노동총연맹(CGT) 같은 단체조차 스타지 위원회 앞에서 입장을 제대로 밝힐 수 없었다고 주장한다. 그는 잘못하면 '교조주의의 앞잡이'로 의심받을 수밖에 없는 프랑스의 사회 분위기를 개탄한다.[186] 이러한 측면에서 교내에서의 '종교적 상징물 착용 금지법'은 프랑스 사회의 반이슬람 정서와 궤를 같이한다고 볼 수 있다.[187]

지금까지 살펴본 바와 같이 2004년 3월 15일의 법은 스타지 위원회의 부인에도 불구하고 분명 히잡을 겨냥한 것이다. 따라서 이를 정교 분리 원칙의 엄격한 적용으로 보아야 하는지, 아니면 이슬람 공동체주의의 출현을 막으려는 조치로 보아야 하는지에 대해서 많은 논란이 있다. 나는 이 조치를 적어도 무슬림 이민과 관련한 프랑스 사회의 보수화 혹은 이슬람혐오주의의 한 양태로 보고 이를 입증하는 방식으로 논리를 전개해왔다. 이 법이 갖고 있는 몇 개의 문제점만 보아도 프랑스 공화국이 히잡 문제에 관해 얼마나 숨가쁘게 대처해왔는지 잘 알 수 있다.

우선, 이 법의 존재 이유는 정교 분리를 철저히 지키고 이슬람 공동체주의의 출현을 미연에 방지하자는 데 있다. 그러나 교내에서만 히잡을 금지하는 것으로 그것이 실현될 수 있을까? 무슬림 여학생들은 학교에서 퇴학당하는 것이 두려워 교내에서는 히잡을 쓰지 못하지만, 학교에서 나오자마자 다시 히잡을 쓴다. 이러한 학생들의 행동이 과연 공동체주의의 출현을 막는 데 도움이 될까? 또한 이 법으로 인해 아예 학교에 다니는 것을 포기하는 여학생들은 과연 어떠한 길을 걷게 될까? 오히려 이 법으로 인해 더 급진적으로 이슬람에 경도되는 일은 없을 것인가?

다음으로는 이 법이 갖는 모순점을 살펴보자. 만일 교내에서의 히잡 착용이 프랑스 정부의 생각대로 매우 우려할 만한 일이라면 사립학교에 이 법을 적용하지 않는 이유는 무엇인가? 프랑스에서는 드브레 법la loi Debré(1959년)에 의해 정부가 사립학교에도 공적 재정을 지원하고 있지 않은가? 또한 알자스-모젤 지방의 경우는 어떠한가? 현재 나폴레옹 시대의 유물인 정교 협약Concordat의 적용을 받고 있는 이 지방의 공립학교에서는 교실 내에 십자가를 걸고, 학생들이 '적법하게' 종교 교육을 받고 있다. 이처럼 이 지방에서는 프랑스 내의 다른 지방과 달리 교내에서의 종교 교육을 허락하고 있는데, 이런 상황에서 국가가 정교 분리 원칙을 내세우며 굳이 히잡을 금지하는 것은 그 자체로 모순이 아닌가?[188]

이러한 모순은 현 프랑스 사회의 반이슬람 정서와 무관하지 않다. 프랑스에서는 '3월 15일 법'인 종교적 상징물 착용 금지법을 흔히 '히잡에 관한 법la loi sur le voile islamique'이라고 부른다. 이는 길거리나 언론 매체에서 흔히 듣는 말이다. 법 제정자들은 이 법이 커다란 십자가나 키파까지 포함하는 모든 종교적 상징물을 금지하기 위한 것이라고 외치지만, 이는 공허한 메아리로 들릴 뿐이다. 프랑스 사회에서는 이 법의 주된 적용 대상이 히잡이라는 것을 부인하는 사람은 많지 않다. 그만큼 프랑스 사회의 이슬람에 대한 인식은 단순한 편견을 넘어서는 것이다.

2. '인종 없는 인종주의': 민족전선의 신인종주의

프랑스 사회에 만연해 있는 이슬람혐오주의는 특히 민족전선의 출현 및 성장과 불가분의 관계에 있을 것이다. 민족전선의 대표적 구호가 반이민 정책인데, 그 적용 대상이 대체로 무슬림이다. 따라서 이들이 왜 무슬림 이민에 반대하는지, 왜 이들의 이론과 활동이 다른 정당의 '모호한' 동의를 얻어낼 수 있었는지를 살펴보면 오늘날 프랑스 사회의 반이슬람 정서를 이해하는 데 많은 도움이 될 것이다.

(1) 민족전선과 신인종주의: 이론

민족전선은 자신들이 주장하는 이데올로기는 인종 간의 우열을 지적하는 것이 아니라 단지 문화적 차이를 지적하는 것일 뿐이라고 설명한다. 북아프리카 출신의 이민은 프랑스 문화에 흡수될 수 없고, 흡수되지도 않을 것이며, 그들의 문화는 프랑스 문화와 전통의 보전에 치명적 위협이 된다는 것이 그들의 주장이다.

민족전선의 대표적 이론가인 르 갈루Jean-Yves Le Gallou는, 한 개인의 가장 기본적인 욕구는 자아와 타자를 구분해주는 개인의 정체성과 개인을 "사회적 실체"의 일부로 확인해주는 민족 정체성을 추구하는 것이라고 말한다. 그는 이어서, 개인은 어떤 사회 집단 내에서 살아가기 때문에, 자신을 구현하기 위해 한 국가의 일부가 되어야 하며, 그러다 보면 당연히 민족 정체성을 갖게 된다고 주장한다. 그러므로, 자신을 구현할 권리와 민족 정체성에 대한 권리는 모든 권리 가운데 가장 기본적이라는 것이다.[189]

이러한 전제 아래, 민족전선의 이데올로기 제공자들은 오늘날 진정한 인종주의자들은 민족 사이의 차이를 없애고자 하는 사람들이라고 주장한다. 르 갈루에 따르면, 다른 가치와 신앙을 가진 자들의 위협으로부터 프랑스 민족이 지닌 정체성을 보호하고자 하는 사람들을 인종주의자로 매도하는 것은 잘못이다. 예컨대, 민족전선은 프랑스적 가치와 프랑스 문화가 다른 나라의 것보다 더 낫다고 말하는 것이 아니라, 단지 프랑스 민족의 정체성이 알제리, 튀니지 혹은 모로코의 민족 정체성과 다르다고 말하고 있다는 것이다.[190] 결국 민족전선은 어떠한 경우에든, 각 국가는 '차이에 대한 권리'를 갖고 있으며, 이것은 보호되어야만 한다고 주장한다. 그래서 신앙과 가치가 완전히 다른 마그레브 출신의 이민이 야기하는 위협으로부터 프랑스의 민족 정체성을 반드시 수호할 필요가 있다는 것이 이들의 일관된 주장이다.

이러한 주장은 메그레에 의해서 한층 더 심도 있게 발전한다. 그에 따르면, 유럽인은 민족적 기원이 같으며, 종교와 역사, 관습, 도덕을 공유한다.[191] 마찬가지로 메그레에게 프랑스인은 혈통과 가계를 통해 프랑스라는 나라의 긴 역사를 공유하는 사람들이다. "국가는 영토, 사람, 문화로 구성되어 있으며, 오랜 노력 없이는 존재할 수 없다. 수세대가 흘러야만 민족이 되는 것이다. 보편주의를 주장하는 사람들처럼, 이 구조 전체가 무슬림과 아프리카 흑인, 아시아인을 통합하기 위해서 수정, 재구성될 수 있다고 주장하는 것은 어리석다."192)

당의 총재인 르 펜 또한 프랑스 민족 정체성의 신성한 본질을 강조한다. "조국은 우리 아버지의 나라다. 시골과 도시, 언어, 역사로 형성된 나라, 이들의 노력에 의해 부유해지고, 이들의 땀과 피로 비옥해진 나라…우리는 프랑스가 천 년 이상 지속된 것에 자부심을 느낀다." 그러므로 프랑스 민족으로 통합되기를 원하는 이주자들에게 민족 정체성은 극복하기 힘든 장애물로 작용한다. 즉, "외국인들은 인위적인 행위, 즉 귀화를 통해서 한 국가에 편입될 수 있으나, 희생적인 행위, 자신들의 피를 흘리는 행위에 의해서만 진정으로 프랑스에 통합될 수 있을 뿐"이라는 것이다. "육체가 프랑스 영토와 섞여 먼지가 될 때, 단지 그럴 때에만 그의 후손은 이곳이 자신의 조국임을 자각하게 될 것이다."193)

민족전선은 프랑스 민족·문화의 전통과 독창성을 강조하는 데서 그치지 않는다. 이들은 자신의 적들을 '반(反)프랑스 인종주의자'라고 비난한다. 민족전선은 인종은 과학적 개념 정의가 아니며, 인종 간에 우열은 없다는 생물학자들의 견해에 동의한다. 그러나 집단이나 문화 혹은 민족이 자신들의 뚜렷한 특질을 보존하길 원하고, 주위에 매우 상이한 신앙과 성격을 가진 많은 수의 사람들이 나타날 때 두려움을 느끼는 것은 명백한 사실이라고 말한다. 이것은 독일인, 미국인, 알제리인 혹은 모로코인에게나 마찬가지로 프랑스인에게도 적용된다는 것이다. 민족전선은 완전히 다른 문화적·종교적 전통을 가진 이민자의 위협적인 쇄도에 대해 프랑스 민족이 자신들의 특징을 보호하는 것은 정당하다고 주장한다. 그러므로 민족전선을 공격하고 이민자들을 보호하는 자들은 반프랑스 인종주의자들인 것이다. 왜냐하면 그들의 정책이 궁극적으로 프랑스 민족을 파괴할 것이기 때문이다.[194]

결국 민족전선에 따르면, "자신의 정체성을 잃은 사람들, 즉 자신이 누구인지, 어디서 왔는지, 혹은 자신을 구성하고 있는 가치가 무엇인지 모르는 민족은 사형 선고를 받을 민족"이며, "어떠한 민족도 자신과 완전히 다른 문화에 속한 수많은 외국인들을 통합시킬 수 없다". 프랑스의 민족 정체성은 피와 땅과 종교와 같은 공통된 속성에 기반을 둔다는 민족전선의 이데올로기에 따르면, 프랑스의 민족 정체성을 보호하기 위해서는 프랑스의 역사와 다른 길을 달려온 마그레브 이민자들을 이 사회로부터 추방하는 길밖에 없는 것이다.[195]

민족전선의 이러한 이데올로기 타파에 앞장서고 있는 타기에프Pierre-André Taguieff에 따르면, 민족전선의 주장은 고전적 의미에서의 인종주의가 아니라 새로운 형태의 인종주의, 즉 신인종주의 혹은 문화적 인종주의[196]다. 신인종주의라는 것은 "(문화)차이를 '절대화'하는 것"에 근거를 둔다.[197] 즉, 집단 사이의 (문화)차이를 명백히 하는 것으로, 둘의 융합

이 둘 사이를 구분 짓는 유일한 특성을 사라지게 한다. 민족전선의 관점에서는 이와 같은 방식의 인종 간의 융합 혹은 혼합은 결국 프랑스적인 것에 대한 종언을 의미한다.[198] 이렇게 차이를 절대화하는 것은 차별을 가져올 수밖에 없다.[199] 아무리 그들이 자신들은 인종주의자가 아니라고 주장해도, 그들이 문화 사이의 절대적 차이를 계속해서 주장하는 한, 다음에서 지적하듯이 그들의 인종 차별적 활동은 불가피할 것으로 보인다.

(2) 민족전선과 신인종주의: 활동

민족전선은 프랑스의 정체성을 보존하기 위해 어떠한 활동을 전개하는가? 이들은 이민을 엄격히 통제하자고 주장하는 데 그치는가? 민족전선은 북아프리카인들이 프랑스 문화와 민족 정체성을 해칠 위험이 있다고 주장할 뿐 아니라, 더 나아가 이들 이민자들을 프랑스 실업의 주범이자, 마치 범죄자인 양 취급한다.

앞에서 살펴본 대로, 민족전선이 주요 정책으로 삼고 있는 이민 통제 정책은 신인종주의의 대표적인 형태라 할 수 있다. 민족전선 지도자들은 이민에 대한 반감을 불러일으키기 위해 우선 자국민의 감정에 호소한다. 예컨대 르 펜은 "이민자들이 내일 당신 이웃으로 이사 와서 당신의 수프를 먹을 것이고, 당신의 아내와 당신의 딸, 아들과 잠을 잘 것이다"[200]라고 기술한 바 있다. 또한 그는 r와 l을 혼동하는 척하며, "발정한en rut 마그레브 여인, 아! 미안합니다, 투쟁 중인en lutte 마그레브 여

인"이라고 조롱하기도 했다.[201]

민족전선은 또한 이민과 실업을 밀접하게 연관시키는 선전 활동을 통해 이민 통제 정책의 정당성을 강조한다. "200만의 이민=200만의 실업"이라는 1980년대의 슬로건이 그 대표적인 예다.[202] 이 정당은 더 나아가 프랑스가 산업화된 국가 가운데 가장 높은 실업률을 보인다고 설명하며, "이민이 없는" 일본은 가장 낮은 실업률을 기록하고 있다고 주장한다. 이민이 실업을 야기하는 것이 분명하다고 강조하려 하는 것이다.[203] 그렇다고 이들이 이론적 논의를 피하는 것은 아니다. 이민의 사회적 비용을 나타내기 위해서 수많은 수치를 이용하고 있는 밀로즈Pierre Milloz의 《밀로즈 보고서 *Rapport Milloz. Le Coût de l'immigration*》[204]나 민족전선이 낸 책 《프랑스의 부활을 위한 300가지 조치들 *300 mesures pour la renaissance de la France: Programme de Gouvernement*》[205]은 이민과 관련된 이 정당의 대표적인 이론서들이다.

민족전선에 따르면, 이민은 실업뿐만 아니라 사회 안전에도 심각한 위협을 가한다. 르 펜은 "이민에 의해 사회 불안이 상당히 심화되었다. 본국에서 실업 상태에 있던 많은 이민자들은 자신들이 일을 얻지 못할 것임을 잘 알면서도, 10년 이상 실업에 시달리고 있는 프랑스에 들어와 도둑질, 마약 밀매, 노인과 여성들에 대한 공격 등으로 생활하고 있다"라고 주장한다.[206] 사실 이와 같은 민족전선 지도부의 사회 안전과 관련된 발언은 어느 날 갑자기 나온 것이 아니다. 이민 가족의 재결합 정책[207]으로 인해 1975년부터 프랑스 내 마그레브인의 수가 뚜렷하게 증가함에 따라 많은 프랑스인이 불안을 느끼고 있었다. 이러한 사회 분위기를 이용하여 민족전선은 자신들의 관점을 더욱 체계화했다. 그들은 이민자가 바로 "실업의 주체이고, 프랑스 경제에 부담"이 되며, 심지어 이들 이민의 상당수가 범죄자라고 말하는 것이다. 즉, 석유 파동 이후의 프랑스의 경제 위기와 그에 따른 사회 불안은 모두 특정 인종의 이민과 관련돼 있다[208]는 것이 그들의 주장이고, 이러한 주장은 민족전선이 인종주의를 표방하는 정당임을 여실히 증명하는 것이다.

이와 같은 민족전선의 방정식, 즉 이민, 실업, 사회 안전의 상호 연관성을 강조하는 것 외에, 이 정당은 이민의 수를 실제보다 부풀림으로써 프랑스 국민의 이민에 대한 두려움을 증폭시키려 한다. 1995년 메그레는 프랑스에 1,000만 명의 외국인이 거주하고 있으며, 이와 같은 과도한 이민을 7년에 걸쳐 300만 명 정도는 출국시켜야 한다고 제안하기까지 했다.[209] 프랑스에 거주하는 외국인의 수가 그렇게 많은가? 정부의 '통합을 위한 고위 위원회 Haute Conseil à l'Intégration'는 1990년의 인구 조사에 근거하여 1993년 현재 이민자는 410만 명이며, 그 가운데 129만 명이 프랑스 국적을 가지고 있다고 진술하고 있다. 더욱이 공식 간행물은 외국인 étranger (출생지와 관계없이 프랑스 국적을 가지고 있지 않은 자)과 이민 immigré (외국인으로서 해외에서 출생했지만 프랑스에 거주하며 프랑스 국적을 취득했을 수도 있는 자)을 구분한다. 메그레가 프랑스 국적을 가지고 있는 '외국인'과 그렇지 않은 외국인을 구분하지 않음으로써 외국인의 수를 실제보다 과장한 것은 우연이 아니다. 이러한 방식은 민족전선이 대중을 오도하기 위해 쓰는 전형적인 수법이다.

민족전선의 이민 통제 정책은 이민을 엄격히 규제하는 것은 물론 프랑스 국적 취득을 현재보다 어렵게 만드는 것도 포함하고 있다. 민족전선은 우선적으로 이민이 프랑스 내로 들어오는 것을 막고, 다음으로는 이미 프랑스에 머물고 있는 사람들을 체류하기 어렵게 만들며, 최종적으로는 모든 불법 이민을 추방하는 매우 엄격한 조치를 주장한다. 또한 각종 범죄와 마약, 에이즈 등을 이민자들과 관련시키고, 이들을 규제하기 위해 경찰력과, 사형을 포함한 엄격한 형벌을 강화하고 감옥을 증설하자고 주장한다.[210] 불법 이민의 대다수를 이루고 있는 아프리카 출신 이민자들이 주요 대상인 것은 물론이다.

이처럼 이민의 '악마화'와 이를 위한 정책은 분명 신인종주의의 한 표현으로서 민족전선의 중요한 존립 근거가 된다. 그러나 민족전선의 이른바 인종주의적 태도가 여기에서 그치는 것은 아니다. 이들의 주요 정책이 신인종주의에 근거한 이민 통제 정책이라고 할지라도, 이들이 행하는 고전적 의미에서의 인종 차별적 발언이나 반유대주의적 발언들도 간과해서는 안 된다. 예를 들어, 르 펜은 한때 아프리카인에 대해 다음과 같이 평했다. "나는 스위스가 미국만큼 크다고 말할 수 없는 것과 마찬가지로, 반투족이 캘리포니아 사람과 같은 재능을 갖고 있다고 말할 수도 없다."[211] 이뿐만 아니다. 그는 1987년에, "나는 제2차 세계대전의 역사에 열광했다. 나는 가스실이 존재하지 않았다고 말하지는 않는다…그러나 나는 그것이 제2차 세계대전에서 사소한 하나의 문제였다고 믿는다"라고 말한 바 있다.[212] 이러한 주장은 그의 후계자인 골니슈Bruno Gollnish에 의해 2004년 10월에 다시 반복되었다. 골니시는 언론과의 회견에서 "뉘른베르크 재판의 결과를 그대로 인정할 만한 역사가는 없다고 생각한다", "강제 수용소에서 죽은 사람의 숫자에 대해서는 더 논의를 해봐야 한다", "아우슈비츠의 가스실이 실제로 있었는지에 대해서도 이론(異論)이 있을 수 있다"라는 발언을 해 프랑스에 파문을 일으켰다. 사실 이런 발언이 어제 오늘 나온 것은 아니다.[213] 민족전선의 테유Georges Theil는 이미 2001년 반인륜 범죄로 기소된 적이 있음에도 또다시 "유대인을 태워 죽인 화덕은 세균을 박멸한 화덕과 같다"라고 주장했다.[214] 민족전선은 공개적으로는 어떠한 인종도 다른 인종보다 우월하지 않다는 입장을 취하고 있지만, 고전적(생물학적) 인종주의가 더 이상 설 곳이 없는 이 시대에 이 정도 수위의 발언이면 르 펜과 그의 정당이 '인종주의 정당'이라는 비난을 면하기는 쉽지 않을 것이다.

(3) 민족전선의 영향력 확대와 기존 정당들의 '모호한 동의'
 민족전선은 오늘날 프랑스 제3의 정당으로 인정받고 있다. 소수의 인원으로 출발한 이 정당이 이렇게 급부상하게 된 것을 어떻게 설명할 수 있을까? 선거에서 민족전선의 득표율이 높아진 원인으로는, 우선 실업 및 이민 문제와 같은 급격한 사회 변화에 의해 야기된 프랑스 사회의 불안정과 그에 따른 1980년대 이후의 민족전선의 전술 변화를 생각해볼 수 있다.

민족전선이 처음부터 이민 문제를 주요 정책으로 다룬 것은 아니다. 1972년 창당 후, 1973년 총선을 위한 캠페인 기간 동안 이 주제는 민족전선의 31쪽짜리 강령에서 단 한 차례 언급되었을 뿐이다. "민족전선은 물질적으로나 도덕적으로 비참한 상황에 방치된 이민을 그대로 두는 터무니없는 정책을 중단할 것을 요구한다"라는 것이 전부였던 것이다. 심지어 1973년 4월, 다음 해에 있을 대통령 선거의 전략을 세우기 위해서 민족전선이 회합을 가졌을 때, 르 펜은 "통제를 벗어난" 이민 문제를 선거 캠페인의 주제 가운데 하나로 채택하자는 제안을 거부하기까지 했다. 당시에 여전히 민족전선의 일파였던 '신질서Ordre Nouveau'가 "통제를 벗어난 이민을 끝내자"라는 슬로건을 내걸고 1973년 6월에 모임을 열었을 때, 르 펜은 민족전선의 이미지를 손상시킬 수 있다는 우려에서 그 주제로부터 한 걸음 물러섰다. 결국 대통령 선거전에서 이민 정책은 그다지 중요한 역할을 하지 못했다. 이민 문제는 그의 선거 강령에도 언급되지 않았던 것이다.[215]

그러나 1970년대 이후 마그레브 이민이 증가하면서 1980년대에는 이민에 반대하는 주장들이 서서히 힘을 얻기 시작했다. 이와 때를 같이하여 당내 이론가의 한 사람인 스티르부아 Jean-Pierre Stirbois가 이민을 프랑스의 쇠퇴 원인으로 지목했고, 민족전선은 상황적으로 이민을 실업, 법과 질서의 붕괴와 연결시킴으로써 극단적 보수주의자들의 표를 얻고자 했다.

이러한 노력은 1981년의 대통령 선거를 위해서는 너무 늦은 것이었지만, 1983년 선거부터는 민족전선이 힘을 얻는 중요한 요인이 된다.[216] 특히 1981년 대통령 선거 및 총선에서 좌파가 모두 승리하자 우파 유권자들은 불안감을 갖게 되었으며, 연이은 좌파 정부의 이민에 대한 너그러운 입법과 형벌 정책의 자유화는 우파 유권자를 민족전선으로 기울게 했다.

1990년대에 들어서 민족전선의 반이민 메시지는 프랑스 국내에서 상당히 커다란 공감대를 형성했으며, 이는 선거에서 민족전선이 선전하는 데 크게 공헌했다. 1992년 11월에 실시된 한 여론 조사에서는 응답자의 약 41퍼센트가 프랑스에 거주하는 마그레브인에게 명백한 반감을 갖고 있다고 대답했으며, 65퍼센트는 프랑스에 너무 많은 마그레브인이 있다고 대답했다. 또한 63퍼센트는 이민 노동자가 프랑스 경제의 짐이라고 믿고 있다고 응답했으며, 약 40퍼센트는 자신들이 적어도 지속적으로 약간의 인종주의적 태도를 지니고 있다고 응답했다.[217] 이러한 생각은 약 10년 뒤에 실시된 여론 조사에서는 오히려 더 강화되었다. 2001년 3월에 발표된 한 여론 조사 결과를 보면, 응답자의 60퍼센트가 프랑스에 외국인이 너무 많다고 생각하며, 또 63퍼센트가 마그레브인이 너무 많다고 생각하고 있음을 알 수 있다. 또한 응답자의 69퍼센트가 자신이 인종주의적 감정을 어느 정도 갖고 있다고 대답한 반면, 자신이 인종주의자라고는 전혀 생각하지 않는다고 답변한 응답자는 28퍼센트에 불과했다.[218] 이러한 조사는 프랑스인들이 여전히 이민 문제에 대단히 민감하다는 것을 보여준다. 민족전선이 1995년 6월에 대도시인 툴롱과 오랑주, 마리냔에서 세 명의 시장을 배출했을 때, 이들 시장은 이민에 의해 프랑스 사회의 안전이 위협받고 있으며, 주택, 복지, 서비스를 제공하는 데 있어 이민자를 차별하는 것이 바람직하다고 주장했다.[219] 지방 선거에서 민족전선이 좋은 결과를 거둔 것은 지역 차원에서 이 당이 확실히 약진했음을 확인해주며, 당의 하부 조직을 강화하는 풀뿌리 작업이 결실을 맺고 있음을 입증한다.[220]

민족전선이 선거에서 득표력을 강화할 수 있었던 비결로 꼽을 수 있는 또 한 가지는 당의 이데올로기 변화다. 민족전선은 1974년 대통령 선거와 1978년 총선에서 심각한 패배를 겪은 후, 민족주의적 우파의 전통적인 주제로 선회할 필요성을 느끼게 되었다. 예컨대 기존의 정책보다 더 온건한 이데올로기로서 전통적 가치인 낙태법 폐지, 가정의 수호, 사형 제도 부활, 가톨릭 학교 지원 등을 채택했는데, 이는 특히 가톨릭 원리주의자들의 주의를 끌게 되었다.[221] 또한 1986년에 민족전선은 대중에게 믿을 만한 정당이라는 이미지를 심어주기 위해 노력했다. 즉 인종 차별에 근거한 선전을 가능한 한 자제하고 기존 우파 정당 출신의 명망 있는 정치인들을 공천함으로써 대중에게 신뢰감을 심어주려고 노력했다. 민족전선의 이러한 '온건성'은 1995년 대통령 선거에서 르 펜이 15퍼센트대의 득표율을 획득하고,[222] 2002년 대통령 선거에서는 르 펜이 마침내 결선 투표에 오르는 것으로 결실을 보게 되었다. 이것은 민족전선의 역대 성적 가운데 가장 좋은 것이었으며, 제5공화국에서 극우파 정당이 거둔 가장 좋은 성과였다.[223] 프랑스인들은 옳건 그르건 간에 자신들의 민족 정체성이 외부로부터의 침략(미국화)이나 내부로부터의 침략(높은 출생률을 보이는 이슬람권 이민)에 의해 위협받고 있다[224]고 느끼는 한 계속해서 자신들의 입장을 대변할 정치 세력을 갈구할 수밖에 없을 것이다.

한편 기존 정당, 특히 집권 정당이 신인종주의에 바탕을 둔 민족전선의 반이민 메시지에 어느 정도 공감하는지 살펴보는 것은 프랑스 사회의 인종주의 혹은 이슬람혐오주의의 정도를 측정하는 하나의 방법이 될 것이다.

민족전선은 이민 문제에 대한 정치적 논쟁의 주요 수혜자였지만, 실제로 처음 이 문제를 프랑스의 정치 의제로 올려놓은 정당은 놀랍게도, 바로 '어제까지'도 국제 프롤레타리아주의를 외쳐온 프랑스 공산당이었다. 비록 1960년대에는 공산당과 그 산하 노조인 노동총연맹이 이민의 제한에 반대했지만, 날로 증가하는 실업 문제는 정책의 반전을 이끌어내기에 충분했다. 1969년에 파리 지역의 공산당 출신 시장들은 이민 노동자들의 지역 편중에 대해 항의했으며, 1970년대에는 이러한 항의가 행동으로 이어졌다.[225] 1980년 11월 4일에는 공산당이 이민의 중지를 주장했고, 이어서 몇 주 후인 크리스마스 이브에는 파리 근교인 비트리쉬르센 지역에서 공산당 출신 시장의 주도 하에 공산당 동조자들이 불도저를 이용해 말리 출신 노동자 거주지의 전원 공급 장치와 계단을 파괴하는 사건이 발생했다. 공산주의자들이 공산당이 '지배'하고 있는 지역, 특히 파리 지역에 이민이 과도하게 집중되는 것에 대해 반대 캠페인을 벌인 것이다. 이러한 지역 차원에서의 활동은 이후에 공산당 전국지도위원회와 공산당 기관지 《뤼마니테》의 지지를 받았다. 이 공격이 사회주의자들과 비공산계 노조의 비난을 받았음은 물론이다.[226] 이처럼 공산당이 반이민 성향으로 돌아선 이유로서 공산당이 사회적으로 민족전선과 비슷한 계층을 지지 기반으로 삼고 있다는 점을 빼놓을 수 없다. 이 사건은 프랑스 사회가 인종주의에 우호적일 수 있는 토양을 갖고 있다는 사실을 역설적으로 보여준다고 하겠다.

민족전선의 창당 시기인 1974년에 집권한 우파 정권, 데스탱 Valéry Giscard d'Estaing 정부는 이민에 대해 어떠한 정책을 취했는가? 1974년은 프랑스에서 석유 파동이 시작된 시점으로, 실업이 막 증가하고, 이민에 대한 여론이 점점 나빠지던 때였다. 이민 정책을 조정하기 위해 이민부라는 행정 기관을 신설한 데스탱은 정권을 잡은 해 7월에 가족 재결합의 경우를 제외하고는 모든 비유럽인의 이주를 중지시키기로 결정했다. 더 나아가 1978년에는 5년에 걸쳐 약 50만 명의 외국인을 강제 출국시키기로 결정했다. 이러한 출국의 주요 대상은 알제리인이었는데, 알제리인이 북아프리카 이민자 가운데 가장 많은 수를 차지하고, 노조 운동에도 적극적이기 때문이었다.[227]

데스탱 정부의 이민 통제 정책은 여기서 끝나지 않았다. 정부는 불법 이민을 단속한다는 명분 하에, 경찰에게 위법자로 의심되는 사람은 즉석에서 신분 조회를 할 수 있는 권한을 부여했다. 이뿐만 아니라 1980년에는 내무부 장관인 보네Christian Bonnet가, 사소한 법 위반으로 징역형을 받은 이민자의 노동 허가증을 정부가 취소할 수 있도록 하는 법을 도입했는데, 이는 이민 노동자가 프랑스 영토에서 강제 추방을 당할 수도 있음을 의미하는 것이었다. 이 우파 정부에서는 이미 정착해 있는 이민자에 대한 통제 정책이 이민 통제 정책을 대신했던 것이다.[228] 이와 같은 데스탱 정부의 반이민 성향은 데스탱 자신이 1981년의 대통령 선거 직전에 텔레비전 유세에서, 180만 명의 프랑스인 실업자를 프랑스 내의 북아프리카 출신 이민자 180만 명과 연관 지은 사실에서 가장 명백하게 드러난다고 할 수 있다.[229]

우파 정부와 좌파 정부는 이민 정책에 있어 뚜렷한 차이를 보이는가? 1981년 대통령 선거 및 총선에서 사회당이 승리한 것은 우파 행정부의 이민 정책에 대한 프랑스인들의 반감을 나타내는가? 1981년의 대통령 선거에 앞서 미테랑은 110개의 조항으로 이루어진 '프랑스를 위한 계획'을 발표했다. 이 계획에는 이민 노동자에 대한 차별의 종식, 이민 노동자에게 프랑스 국민과 같은 사회적 권리 부여, 프랑스에 5년간 거주한 이민 노동자에게 지방 선거 투표권 부여, 국립이민청의 민주화 등과 함께 불법 이민 노동자에 대한 더 강력한 통제 등이 포함되었다. 이민에 반감을 갖는 여론이 명백하게 존재하는 때에 이 강령은 하나의 '용기 있는' 움직임이었으며, 사회·정치적 민주화의 범위를 넓히려는 사회당의 당론과 일치하는 것이었다.[230]

그리하여 사회당이 1981년에 집권하자 정부는 110개의 계획을 가능한 한 많이 완수하려는 의미에서 이민 정책을 보다 인도적인 차원에서 다루려고 시도했다. 많은 추방이 유보되었고, 프랑스에서 이미 생업에 종사하는 이민자의 가족 구성원의 거주권은 재확인되었다. 1981년 1월 1일 이전에 프랑스에 불법적으로 입국해 안정적 직업을 갖게 된 사람에게는 합법적인 체류증이 주어졌으며, 약 13만 명이 이 조처로 혜택을 입었다. 이뿐만 아니라, 이민 노동자의 조합권과 관련된 규정들이 완화되면서, 이들이 자신들의 이익 단체를 구성하는 것이 가능해졌다.[231]

다른 한편으로 사회당 정부는 북아프리카로부터 유입되는 불법 이민을 근절하는 데 나름대로 최대한의 노력을 기울였다. 그러나 강력하게 국경을 통제하다 보니 불가피하게 국내 통제까지 강화되어, 1980년대 중반에는 경찰이 다시 '의심스럽게 보이는' 사람을 세워서 검문하기 시작했다. 그럼으로써 10년 전 이민 공동체와 당국 사이에 존재했던 상호 의심과 증오의 분위기가 다시 조성되었다.[232]

이와 같은 이민 정책에 대한 사회당의 고민은 초기 사회당 정부 총리를 지낸 파비우스가 잘 표현해냈다. 그는 1984년 9월에 한 텔레비전과의 인터뷰에서, 이민 문제에 대해 비록 르펜이 잘못된 대답을 하고 있기는 하지만 문제를 제기한 것 자체는 옳다는 것을 인정했다.[233] 이 발언은 이민 문제가 좌·우파를 떠나 프랑스인 모두에게 어떤 식으로든 해결해야 할 과제이며, 사회당에게도 이 문제가 이상적으로만 생각할 수는 없는 하나의 커다란 짐이라는 것을 암시한다.

이민 문제는 1986년 총선에서 주요 쟁점이 되었다. 민족전선이 처음으로 35개 의석을 획득한 것과 전통 우파가 이 선거에서 승리한 것은 이민 문제가 날마다 정치 논쟁의 주요 쟁점으로 남아 있음을 의미했다. 이 시기에 파리에서 발생한 이슬람 테러리스트의 공격은 법, 질서 및 국내 치안과 밀접하게 연결되어 있는 이 논쟁을 가열시키는 요인이 되었다. 새롭게 들어선 우파 정부의 이민 정책의 결정판은 소위 '파스카 법'[234]이었다. 이것은 프랑스에 들어오는 사람에게 그가 적합한 생활 수단을 가졌음을 입증하도록 요구하는 것이었다. 이로써 이전의 사회당 정부가 도입한 10년 체류증을 얻거나 갱신하는 것이 훨씬 더 어려워졌다. 이 법은 또한 공공 질서를 위협한다는 이유로 입국을 거부하거나 추방할 수 있는 사람의 범주를 상당히 넓혀놓았다.[235]

새로운 우파 총리인 시라크는 2년 정도밖에 남지 않은 대통령 선거에서 승리하기 위해 민족전선 유권자들을 사로잡으려고 노력했다. 최선의 방법은 이민 정책에 대한 르 펜의 지지를 얻는 것이었다. 집권당인 공화국연합과 프랑스민주연합은 국적법 강화의 필요성을 강조하는 공동 선거 강령을 세웠다. 따라서 시라크 정부로서는 르 펜의 오랜 숙원 가운데 하나인 프랑스 국적법 개혁을 확정하는 것이 중요했다. 물론 이 개혁의 수위는 민족전선의 강경한 의제에는 훨씬 미치지 못했다. 법무부 장관 샬랑동Albin Chalandon이 내각에 제시한 입법의 요점은 프랑스에서 외국인 부모에게서 태어난 아이에게 자동적으로 시민권을 부여하는 것을 중단하는 것이었다. 기존 국적법 하에서는, 이민자 부모에게서 태어났어도 프랑스에 5년 이상 거주했다면 누구나 18세에 자동적으로 시민권을 부여받았다. 그러나 새로운 법안에 따르면 프랑스에 거주하는 16~21세의 개인은 프랑스 시민권을 얻기 위해 공식적으로 국가에 지원을 해야 하고, 6개월 이상 투옥될 만한 범죄를 저지른 사람은 시민권을 얻을 수 없었다.[236] 이 법안은 좌파 정당뿐 아니라 대통령인 미테랑에게서도 반대에 부딪혔다. 여권 내에서도 이 문제에 대한 의견이 엇갈리자 시라크는 대통령 선거를 목전에 두고 결국 국적법 개정을 국민 투표에 부친다는 모호한 약속을 하고 후퇴할 수밖에 없었다.[237]

파스카 법과 국적법 개혁에 의해 야기된 논쟁에도 불구하고, 한 분석가는 적어도 1980년대 후반까지 프랑스의 주요 정당들 사이에서 이민 문제에 대한 '모호한 동의'가 발전, 지속되었다고 주장했다.[238] 그런데 이 '모호한 동의'는 1990년대에도 지속되었으며, 그 토양은 충분하다고 볼 수 있다. 기존 정당의 주요 지도자 가운데 한 사람인 시라크의 발언이 이를 뒷받침한다. 1991년에 파리 시장이자 공화국연합 총재였던 시라크는 오를레앙에 모인 당원들 앞에서 프랑스가 '외국인의 과잉 투여'로 고통 받고 있다고 주장하면서, 파리의 한 노동자 구역에서 일어난 일을 예로 들었다. "파리의 가난한 프랑스인 노동자가 자신의 이웃에 사는 이민자가 서너 명의 아내와 20여 명의 자식과 함께 5만 프랑의 사회 보조금을 받아, 일도 하지 않으면서 소음을 유발하고 냄새까지 피우며 살고 있는 것을 볼 때,

그 프랑스 노동자는 미쳐버릴 것이다. 우리가 가족 재결합 정책을 더 이상 지속할 수 없다고 말하는 것은 인종주의적인 것이 아니다."[239] 1993년 총선에서 우파가 승리를 거두면서 우파 내각에 사회당 대통령이라는 동거 정부cohabitation가 출현함으로써 이러한 관점은 지속되고 강화될 수 있었다. 1986년의 첫 번째 동거 정부의 경우처럼 발라뒤르Edouard Balladur 정부도 다가올 대통령 선거에 신경을 쓰지 않을 수 없었다. 이민을 규제하기 위한 강력한 정책이 필요했다. 이러한 분위기는 당시 내무부 장관이던 파스카에 의해 가장 적절하게 표현되었다. 즉 그의 최종 목표는 "제로 이민"이라는 것이었다.[240] 결국 발라뒤르 정부는 프랑스에서 안식처를 찾으려는 외국인의 권리를 제한하기 위해서 헌법을 수정하는 데 성공했다.[241] 뒤이어 1995년에 출범한 시라크 정부는 정권 초기부터 정치 난민의 지위를 제한하고 불법 체류자에 대한 단속을 더욱 강화하는 쪽으로 나아갔다. 자신의 집에 묵고 있는 외국인 손님의 출국 날짜를 당국에 알릴 것을 의무화한 1997년 4월 24일의 드브레 법la loi dite Debré[242]은 그 결정판이다. 물론 이 법은 1997년 총선에서 사회당이 승리를 거둠에 따라 폐기되었지만, 프랑스 전역뿐만 아니라 국외에서도 커다란 반향을 불러일으켰다.

지금까지 프랑스의 기존 주요 정당이 이민 문제에 대해 취해 온 입장을 살펴보았다. 이들은 강도의 차이는 있지만 대체적으로 두 가지 정책을 분리 시행하려고 했다. 하나는 기존 이민에 대한 동화 정책이고, 다른 하나는 불법 이민에 대한 철저한 통제 정책이다. 공산당은 이민의 지역 편중에 불만을 가졌고, 사회당은 불법 이민에 대한 철저한 단속을 추진했다. 이는 좌파 정당은 속성상 대부분 노동자로 구성된 이민자에 대해 노골적으로 반감을 드러내기 힘들다는 것을 보여준다. 그러나 우파 정당은 강도의 차이는 있지만 대체로 이민의 강제 출국에 초점을 맞추었다. 이민들을 실업과 사회 문제와 연계시키는 것도 그러한 맥락에서다. 우파는 공개적으로 인종주의적 발언을 하는 것은 아니지만, 이민, 특히 북아프리카인의 프랑스 이주에 대해서는 반대 입장을 분명히 했다. 선거에서 득표율 상승과 연결되기만 한다면 민족전선의 정책을 크게 마다하지 않을 태세인 것이다. 프랑스 사회에서 전통적인 우파는 분명 민족전선의 입장에 '모호하게나마 동조'하고 있으며, 이는 프랑스 사회가 인종 차별적 사회로 가는 디딤돌이 될 수도 있다.[243] 현시점에서 볼 때, 기존의 주요 정당들은 프랑스인의 초미의 관심사인 이민 문제를 해결하는 데 실패했다고 볼 수 있다. 이에 반해 르 펜은 프랑스인이 걱정하는 것에 대한 실질적이거나 가상적인 원인을 공개적으로 이야기하고, 그에 대해 단순한 해결책을 제시했다는 점에서 프랑스인의 관심을 끌기에 충분했다.[244]

이처럼 프랑스 공화국은 '자유, 평등, 박애'에 기초한 공화국 정신의 실천을 강조하면서도, 쇄도하는 이민 앞에서 언제까지나 공화국 정신의 모습을 떳떳하게 보여줄 수는 없었다. 공개적 차별 정책을 펴는 대신, '문화적 차이'를 가장한 극우파의 '현실적 대안'에 동조할 수밖에 없는 모습은 프랑스 공화국의 또 다른 얼굴이다. 바로 그 얼굴 위에 분명 이슬람혐오주의의 그늘이 드리워져 있는 것이다.

제 5 장 공화국의 딜레마

동화주의와 다문화주의 사이에서

1. 프랑스 공화국의 고민

프랑스의 다문화주의[245]는 크게 두 가지 측면에서 논의될 수 있다. 첫째로는 지역주의와 관련해서 논의될 수 있다. 1960~1970년대에 브르타뉴 지방에서 지역주의를 전국 무대에 드러내려는 시도가 있었던 것을 예로 들 수 있다. 그것은 분리주의를 확고히 하려는 것이었다기보다는 문화, 언어와 관계된 권리를 주장하는 데 그치는 것이었다.[246] 둘째로는, 우리가 이 책에서 본격적으로 다루고 있는 1980년대 이후의 이민 문제와 관련해서 다문화주의가 논의될 수 있다.

프랑스 사회 내에 무슬림이 존재하는 것은 대부분 옛 프랑스 식민지 출신의 무슬림이 이주한 결과다. 특히 1974년 노동 이민의 공식적인 중단과 함께 실시된, 프랑스 영토 내에서 이민 가족을 확대 재구성하는 데 '공헌'한 데스탱 대통령의 가족 재결합 정책이 무슬림의 프랑스 정착에 결정적 역할을 했다는 것은 주지의 사실이다. 1950~1960년대의 '일시적이고 신중하고 수줍어하는 무슬림'과는 충돌이 일어나지 않았지만, 1980년대에 와서는 이슬람이 프랑스의 제2의 종교로 성장하면서 스스로 무슬림임을 점점 더 강하게 드러내는 이민자들과 프랑스인들 간의 충돌이 불가피하게 되었다. 즉, 앞서 살펴본 바와 같이 북아프리카 이민의 항구적인 프랑스 정착은 프랑스 사회에 '문화전쟁'을 불러일으키게 되었다.

그러면 현재 일어나고 있는, 히잡 사건으로 대표되는, 프랑스 내 두 문화권, 즉 프랑스 문화와 이슬람 문화의 '전쟁'을 어떻게 해결할 수 있는가? 바꾸어 말하면, 프랑스인들은 자신들과 다른 종교·문화를 가진 이 새로운 이민자들과 어떻게 공존할 수 있는가? 마그레브인 이민이 프랑스에 정착함으로써 이슬람 공동체가 견고히 형성된 현실에 비추어 볼 때 프랑스로서는 동화주의 정책만을 계속 고집하기는 어렵지 않은가? 이슬람 문화를 담아내기에는 현재 프랑스의 세속 공화국이라는 '그릇'이 너무 작지 않은가? 이러한 문제를 해결하기 위해 프랑스는 지금보다 더 '원숙한' 또 하나의 '새로운 프랑스'를 만들어나갈 수 있어야 한다. 그러면, 프랑스 공화국의 동화주의 정책 대신 소수 민족의 문화를 공적으로 인정하는 다문화주의 정책을 시도하는 것이 하나의 대안이 될 수 있을까?

이러한 문제 의식을 가지고 본 장에서는 다음과 같은 내용을 다루어보려 한다. 우선, 북아프리카 이민의 프랑스 정착으로 야기된 두 공동체 간의 종교적·문화적 갈등의 실상을 살펴볼 것이다. 이는 프랑스 정부가 전통적인 동화주의 정책만으로는 더 이상 '이슬람 문제'를 해결할 수 없음을 보여줄 것이다. 다음으로는, 프랑스에서 실시되었던 다문화주의 정책의 내용 및 배경을 알아볼 것인데, 이 정책이 프랑스 전통에서는 매우 예외적인 것이며, 이 문제를 해결할 진정한 대안이 될 수 없음을 밝힐 것이다. 분명, 현재 프랑스의 세속 공화국은 무슬림 이민자 공동체 앞에서 위기를 맞고 있다. 그렇지만 그 위기는 이슬람 측의 노력과 세속 공화국 측의 '유연함' 속에서만 해결될 수 있으며, 그 해법 가운데 하나는 반이민 정책 여론을 주도하고 있는 프랑스 극우파들에 대해 논리적으로 맞서는 것이다.

2. 무슬림 이민에 대한 동화 정책과 어려움

제2차 세계대전 이후 급격한 경제 발전으로 노동력이 부족했던 프랑스로 북아프리카 이민이 쇄도하게 되었음은 이미 지적했다. 1945년 이후에 알제리 노동자들이 이주하기 시작했고, 1970년대를 전후하여 모로코, 튀니지의 노동자들이 가세했다. 그러나 1970년대 초에 석유 파동으로 경제 위기에 직면한 프랑스는 이민 문제에 새로운 방식으로 접근해야 했다. 1974년 7월, 당시 데스탱 정부는 이민 도입을 중단하기로 결정했다. 유럽공동체 회원국 출신자와 정치적 망명자를 제외한 이민을 모두 금지하고 프랑스에 정착한 외국인이 본국으로 돌아갈 경우 보조금을 지원하는 정책을 취한 것이다. 그러나 공식적인 이민을 제한하는 이민 중단 결정은 이미 정착한 이민의 가족 재결합 차원에서 배우자 및 자녀의 새로운 유입을 불러왔기 때문에 이민의 수를 크게 줄이지 못했을 뿐만 아니라, 불법 이민을 활성화하는 역효과를 가져왔다.[247] 또한 이민자 귀환에 따른 보조금 지급 조치와 정착 이민의 가족 재결합 조치는 명백히 모순되는 것이기도 했다.[248]

이민 중단이 발표된 이후에도 망명이나 가족 재결합이라는 명분으로 이민은 계속 쇄도했고, 인도차이나인, 고급 기술자, 특정 국가의 아프리카인, 혹은 프랑스인의 배우자 등에게도 예외가 인정되었기 때문에,[249] 실제적인 면에서 데스탱 정부의 이민 제재 방침은 별 실효를 거두지 못했으며,[250] 오히려 프랑스 내 북아프리카 이민자의 거주 상황에 커다란 변화를 야기했다. 즉, 이민 제재 방침은 기존 마그레브인 이민들의 체류에는 어떤 면에서는 도리어 유리하게 작용한 면이 있어서, 이들의 체류 기간이 연장되었을 뿐만 아니라 이들의 가족 구성 형태가 서서히 독신에서 가정을 이루는 형태로 변모하게 되었다.[251] 그 결과, 일반적으로 프랑스의 이민은 1970년대 초반까지는 경제적 측면과 관련된 현상으로 간주되었으나 이제는 하나의 문화 현상으로 변하게 되었다. 결과적으로, 의식을 했든 못했든 무슬림 이민자들은 이미 프랑스 사회를 구성하는 일원이 되어버린 것이다. 이처럼 항구적으로 프랑스에 정착하게 된 북아프리카 출신 이민자들은 자연스레 자신들의 문화를 프랑스에 펼치려 했고, 이로 인해 결국 무슬림 이민자들을 받아들인 프랑스의 문화적 '풍경'은 크게 변모하게 되었다. 그러나 무슬림 이민자들이 자신의 문화와 정체성을 합법적으로 인정받아 이 새로운 사회 속에서 떳떳하게 삶을 꾸려나가기를 바라는 과정에서 적지 않은 문제가 발생했다.[252] 프랑스 사회의 저항이 만만치 않았던 것이다.[253]

프랑스인들은 대체로 마그레브인 이민들이 프랑스 사회에 동화되기를 거부하며 범죄와 실업 등을 일으켜 사회 불안을 조장한다고 느꼈다. 반면 마그레브인들은 프랑스인들이 인종적 편견으로 자신들을 소외시키고 있다고 생각했다. 프랑스인의 이러한 적대적 감정은 통계로도 확인된다. 2001년의 한 여론 조사에 따르면, 응답자의 60퍼센트가 프랑스에 외국인이 너무 많다고 생각하고 있었으며, 그 가운데 63퍼센트는 마그레브인이 너무 많다고 생각하고 있었던 것이다.[254]

마그레브인이 너무 많다는 생각과 무시할 수 없는 이들 종교 세력의 실재, 그리고 이슬람교에 대한 편견으로 프랑스인들의 반감은 더욱 커졌다. 이미 언급한 대로, 북아프리카 이민 상당수가 신봉하는 이슬람교는 현재 프랑스에서 가톨릭 다음가는 제2의 종교가 되어 있으며, 더욱이 프랑스에서 전개되는 이슬람에 관한 논의에는 이슬람의 가치가 서구적 가치와 양립할 수 없으며, 무슬림은 "위험한 계층"이라는 전제가 깔려 있다.[255] 무슬림들은 이슬람 계율을 포기하지 않는 한, 설령 그들이 이미 프랑스 국적을 부여받았더라도 진정한 프랑스 시민으로 인정받지 못한다.[256] 이와 같은 맥락에서 프랑스인들은 이슬람을 비정상적인 종교로 정형화한다. 프랑스인들은 '폭력적이며 변화하지 않는 이슬람'이라는 선입견을 갖고 있는데, 이는 프랑스인들의 이슬람에 대한 인식이 과거의 식민지 이미지에 여전히 기반을 두고 있기 때문이다. 프랑스인들은, 약 500만 명의 무슬림 가운데 절반이 프랑스 국적을 소유하고 있어도 그들이 프랑스의 동화주의 전통에 대한 가장 커다란 도전 세력이라는 인식이 강하다.[257]

그러나 프랑스인들이 '폭력적인 종교'로 정형화하고 있는 이슬람의 신자들도 하나로 묶어 설명하기는 어렵다. 프랑스 내에서 이슬람 세력이 전국적으로 부각되면서, 그리고 아랍 세계에서 정치적 이슬람주의, 원리주의가 급성장하면서 무슬림에 대한 편견이 심화된 것은 사실이다. 또한 대다수 프랑스인들이 프랑스 내의 '비폭력적인' 무슬림과 프랑스 밖의 '폭력적인' 이슬람 근본주의 운동을 직접 연관시키는 것도 사실이다. 그렇지만 프랑스에서 태어나 교육받은 젊은 무슬림들은 어떤 일련의 사건들이 벌어지기 전만 해도 과격한 이슬람주의와는 거리가 멀었다. 히잡 착용의 의미 변화에서도 살펴보았듯이 이민 2세대 젊은이들에게 이슬람은 단지 문화적·윤리적 준거점에 불과했다.[258] 이처럼 프랑스의 무슬림은 나이와 세대, 민족적 기원,[259] 성별, 혹은 사회적 배경에 따라 상당한 사회적·문화적 이질성을 보인다.[260]

프랑스 사회에의 동화와 관련하여 세대 간의 차이를 좀 더 자세히 알아보자. 북아프리카 이민 1세대에게는, 종교적 정체성은 곧 민족 정체성과 일맥상통하는 것이었다. 예를 들어, 프랑스에 정착해 있는 알제리인들은 자신들을 알제리 관습에 따라 살고 있는 무슬림으로 생각한다. 일반적으로 북아프리카인 이민 1세대는 프랑스의 지배를 받던 고통스러운 시절과 종교를 별개로 생각할 수 없다. 이슬람이라는 종교의 정체성은 프랑스에 대항하는 민족 투쟁에서 결정적인 역할을 했다. 그러므로 북아프리카 이민이 이전 지배자의 땅에 항구적으로 정착 혹은 동화하는 데 시간이 걸리는 것은 자연스러운 일이다.[261] 같은 이유로, 그들은 프랑스 국적을 얻는 데도 머뭇거렸다. 그들은 프랑스 국적 취득이 자신의 조국을 배신하는 행위라고 느꼈다. 이슬람에 대한 계속적인 집착은 여전히 프랑스 사회에의 동화를 지연시키는 결정적인 장애 가운데 하나인 것이다.[262] 그러므로 이들 1세대와 젊은 무슬림들을 비교해보면, 무슬림 이민자들의 성향을 하나로 묶어 설명하기는 어렵다는 것을 알 수 있다.

1990년대에는 이민 2세대인 젊은 무슬림들이 프랑스의 정착과 통합 문제에서 새로운 화두가 되었다. 점차 동화되어가는 듯한 이민 2세대 청소년[263]의 비행, 일탈 및 정체성의 위기가 점차 커다란 사회 문제로 대두된 것이다. 이미 지적했듯이 무슬림 여학생들의 히잡 사건, 아랍 국가들과 관련된 일련의 대외적 사건들은 프랑스 사회에서 이민 2세대의 동화 문제를 새로운 차원에서 바라보게 하기에 충분했다.

이러한 상황에 기름을 부은 것이 일명 '켈칼 사건'이다. 1995년 7월 25일 퇴근 시간, 파리 한복판인 생 미셸 전철역에서 폭탄이 터져 7명이 사망하고 80명 이상이 부상당하는 사건이 발생했다. 이뿐만 아니라, 7월과 9월 사이에 파리를 비롯한 여러 지역에서 폭발물이 발견되었는데, 알제리의 한 이슬람 혁명 조직이 자신들의 소행임을 주장했다. 프랑스 경찰은 매우 신속한 수사 끝에 이 테러 행위에 칼레드 켈칼이라는, 리옹 근교에서 태어난 알제리계 프랑스 청년이 연루되었음을 밝혀냈다. 그러나 경찰 조사 도중에 그가 사망하자 황폐화된 교외에 '격리'되어 있던 무슬림 젊은이들은 보란 듯이 폭력적 이슬람 그룹으로 돌아섰다.[264] 이 사건은 프랑스 영토

내로 알제리의 위기를 '수출'했을 뿐만 아니라, 이슬람에 대한 극단적이고 부정적인 이미지를 프랑스에 심는 데에도 공헌했다고 볼 수 있다. 특히 이민 2세대가 이 사건에 연루되었다는 사실만으로 젊은 무슬림들은 모든 폭력과 테러에 대한 의혹을 뒤집어쓰게 되었다. 적어도 상당수 프랑스인들에게는 '난장판' 그 자체인 도시 근교의 모습이 이들의 책임으로 비쳤다. 그러므로 극단적으로 말해서 오늘날 무슬림은, 혹은 단순히 무슬림으로 보이는 것만으로도 프랑스인들에게 '무법자'로 인식되는 것이다.[265]

한편 히잡 사건이 있은 지 10년이 지난 1999년 12월, 당시 내무부 장관이던 슈벤망은 이슬람 지도자들에게 프랑스 내 이슬람을 조직화하기에 앞서 우선 1905년의 정교 분리 원칙과 헌법을 준수한다는 것에 서명할 것을 요구했다. 그렇지만 그들은 이 요구가 "무슬림의 시민적 충성심을 의심"하는 것이며 자신들에게 "굴욕적"인 것이라고 평가하여 이러한 요구를 크게 비난했다.[266]

앞의 사례는 프랑스에서 이슬람이라는 종교·문화가 주는 일반적 이미지에 폭력, 테러, 심지어는 광신이 각인되었음을 보여준다. 데카르트의 후손임을 자처하는 프랑스인들에게는 이러한 모습들이 도저히 용인될 수 없다. 무슬림에 대한 그들의 생각이 인종 차별과 무관하다고 할 수는 없겠지만, 프랑스 정치권은 1990년대 초에 걸프전과 같은 일련의 사건들을 겪으면서 국적법을 강화함과 함께, 무슬림이 시민권 획득을 위해서 프랑스 문화에 동화될 필요성을 강조하게 되었다. 걸프전

당시, 프랑스의 무슬림들은 자신들이 프랑스에 대한 충성심을 의심받을까 두려워하면서도, 이라크 인민들에 대한 강한 유대감을 표명했던 것이다.[267]

1990년 로카르 총리가 설립한 '통합을 위한 고위 위원회'의 보고서는 여러 차례에 걸쳐 시민적 평등성의 논리가 소수에 대한 특별 처우의 논리보다 우선해야 한다고 밝히고 있는데, 이것은 바로 프랑스 내 상황을 잘 반영하고 있다.[268] 즉, 소수민족과 관련된 정책에 이제는 다문화주의 개념이 포함되어 있는 '편입 insertion'이 아니라 동화주의 개념이 다분한 '통합 intégration'이 자리 잡아야 한다는 것이다.[269] 이슬람, 그리고 마그레브인은 이제 프랑스에서 확실히 문화적인 위협으로 해석되었으며, 데스탱 정부가 일부 시행한, 다문화주의와 관련된 '차이에 대한 권리'의 개념은 후퇴하게 되었다. 그리하여 프랑스인들에게는 이슬람 문화가 프랑스의 문화적 통일성을 약화시키고 이슬람 원리주의를 확산시킬 수 있다는 우려가 널리 확산되게 되었다.[270]

3. 새로운 통합 방식의 모색

(1) 동화주의 대 다문화주의

한 세기 이상 대규모 이민을 받아들인 대표적 이민 '수입국' 프랑스는 지금까지 이민자에 대해 어떻게 대처해왔는가? 캐나다, 오스트레일리아, 스웨덴, 미국과 같은 나라들은 소수 민족에 대해 다문화주의 정책을 취했으며,[271] 독일은 1945년 이래 이민 노동자들에게 시민권을 허용하지 않음으로써 문화적 동질성을 유지하려고 애썼다. 이와 대조적으로 프랑스는 동화주의 정책을, 즉 이민자가 시민권을 얻도록 고무하고, 공화국의 세속 문화를 채택할 것을 유도하는 정책을 추구했다. 프랑스의 지난한 동화 정책을 살펴보면, 이민자들은 자신들이 부딪히는 어려움과 때로는 자신들이 희생되는 비극적인 사건에도 불구하고 결국 적응하게 되었고, 시간이 지나 2세대에 이르러서는 일반적으로 프랑스 국민에 섞이게 되는 경우가 많았다. 그러나 이는 대부분 유럽계 이민의 경우에 국한되는 얘기라고 하겠다. 이제 북아프리카 이민과 프랑스의 관계는 새로운 전환점을 맞이하고 있다. 즉, 새로운 '통합 방식'을 모색하지 않을 수 없게 된 것이다.

일반적으로 이민에 대한 정책은 프랑스식의 동화주의 모델과 영미식의 다문화주의 모델로 구분할 수 있다. 프랑스에서는 '단일하고 분리될 수 없는' 공화주의적 전통에 입각하여, 문화적·민족적·종교적 다양성으로 인한 문제가 발생하지 않는 것처럼 보였다. 프랑스와 같은 동화주의 사회에서는 다른 종교 문화 출신의 이민자들이 문화적 적응 과정을 거쳐 차차 기존 사회에 통합되는 것이 일반적이기 때문이다. 이민은 자신들만의 고유한 특징과 문화적 정체성을 잃어버리거나 사적인 영역에서 은밀하게 보존할 뿐, 다수가 채택하고 있는 문화를 그대로 받아들이는 것이다.[272]

그러면 동화주의 정책은 문화 및 정체성의 다양성과 조화될 수 있는가? 일부 프랑스인들은 다문화주의라는 말에서 필연적으로 과격한 공동체주의와 문화적 게토를 떠올리며, 다문화주의는 결국 공공 이익의 종말로 귀결된다고 믿는다.[273] 이러한 이유로 프랑스에서는 북아프리카에서 온 이민자의 사회 통합을 최우선적으로 생각했으며, 이 때문에 다문화주의의 주장이 설 자리를 거의 잃게 되었다. 앞에서 살펴본 대로, 프랑스 내에서는 동화의 논리가 너무나 우세하다. 어떤 사람들은 민족의 단일성, 정체성과 관련하여 북아프리카 이민자의 존재가 문화적·민족적 분열을 야기한다고 주장하며, 유럽의 '제3세계화', '이슬람화'를 우려한다. 심지어 혹자는 '프랑스라는 나라가 과연 미래에도 존재할 수 있을까'라는 극단적인 의문까지 제기한다. 오랫동안 오직 경제적인 요인으로만 인식되어온 이민의 문제가 이제 상황에 따라서는 '우리'의 문화를 풍요롭게 하기도 하고 또 위험에 빠뜨리기도 하는 문화적 요인으로 간주되고 있는 것이다. 결국 이민자 자신들의 문화와 정체성을 인정해달라는 요구는 받아들여지지 않고 있다.[274] 오히려 프랑스에서 새로 국적을 취득한 이민자는 공식적으로 프랑스어를 사용해야 하며, 프랑스의 문화를 받아들여야 한다. 역사적으로 학교와 군대는 이민자를 동화시키기 위한 제도였다. 어느 시민도 어떤 특수한 문화 그룹에 속하는가에 따라 특별한 대우를 받지 않는다. 브르타뉴 지방의 어린이든 아프리카 말리 출신 부모를 가진 프랑스 어린이든 동일한 학사 프로그램을 따르며, '우리 조상 골루아Gaulois[275]'의 업적을 배운다. 물론 신앙의 자유는 존중되지만, 사적인 영역에 속할 뿐이다. 정교 분리 원칙이 국가와 종교의 분리를 공식적으로 확인하고 보장하는 것이다. 고용이나 주거, 보건 등의 문제를 포함하는 사회 보장 정책은 원칙적으로 시민의 문화적·민족적·인종적 기원을 고려하지 않고 시행되며, 또 시민 각자가 타인과 구별되는 특성을 주장한다 해도 고려되지 않는다.[276]

결론적으로, 프랑스처럼 공화주의 모델을 옹호하는 나라에서는 동화주의 정책이 논리적이다. 하지만 실제로 각 나라의 예를 보면 지배적인 모델이 다문화주의이든 동화주의이든, 동화주의적 정책들 혹은 다문화주의적 정책들을 병행하여 실시하고 있다.[277] 그 예를 프랑스에서도 찾아볼 수 있다.

(2) 프랑스의 다문화주의 정책: 이상과 현실의 괴리

프랑스에서도 때로 공식적 담론과 실제로 시행되는 것 사이의 괴리는 상당히 크다. 공식적 담론에서는 공화주의에 연결된 프랑스적 동질성의 신화가 여전히 살아 있고, 실제 다문화주의 사회를 위한 기도는 거의 없었다. 그저 몇 년 전부터 다문화주의가 논의의 대상이 되고, '다문화주의자들'이 국민의 분열을 초래한다는 비난을 받고 있었을 뿐이다. 하지만 지역에서의 현실은 매우 달랐다. 1980년대 초에 시작된 지방 분권화로 지방 정부가 어느 정도 자율권을 갖게 되면서, 이민자들이 제기하는 몇 가지 주장에 부응하기 위하여 다문화주의적 정책을 단편적으로 시행하는 경우가 있었다. 일부 정치가들은 중앙 정부 차원에서는 공화주의적 모델을 수호하면서, 지방 정부로 돌아와서는 거리낌 없이 민족 공동체의 대표들과 만난다. 예를 들면 이슬람 지도자들과 무슬림 이민자들을 위한 기도소에 대해 협상을 하는 것 등이다.[278]

프랑스에서는 사회 정책을 시행함에 있어 민족 할당제를 원칙적으로 금지한다. 이는 다문화주의를 채택하고 있는 영미 계통의 차별주의적인 특징으로 간주되기 때문이다. 하지만 사실 프랑스 행정 당국은 공공 임대 주택(HLM) 문제에서는 간혹 비공식적으로 출신 민족에 따른 할당제를 시행하고 있다. 이것은 이민자들을 분산시킴으로써 그들의 주거가 게토화되는 것을 막기 위해서다.[279] 결국 공공 임대 주택 정책과 같은 명시적으로 평등주의적이고 보편주의적이어야 할 정책에 공화주의 모델에 반하는 민족 할당제를 적용하기도 하는 것이다. 이러한 예에서 볼 수 있듯이 프랑스는 스스로 표방하는 것보다 훨씬 다문화적이다.[280]

좀 더 구체적으로 몇 가지 사례를 살펴보자. 이민 중단 정책을 실시한 데스탱 정부는 마그레브인 이민의 본국 귀환에 초점을 맞추었다. 프랑스 정부는 이들 이민자가 언제라도 프랑스를 떠나 본국으로 귀국할 수 있도록 가능성을 열어놓기 위해 이들의 '차이에 대한 권리'를 인정했다. 즉 이민자에게 미래에 대한 선택권을 보장해준다는 명목 아래 이들의 문화적 정체성을 유지·지원해주는 노선을 취한 것이다. 그래서 마그레브인 이민자의 경우 마그레브 국가들이 책임을 지고 학교에서 그들의 문화나 언어 교육을 지원하는 정책을 구상했다.[281] 1970~1980년대에 프랑스 정부가 이민자의 '차이에 대한 권리'를 인정하면서, 마그레브 국가들이 교사들을 파견해서 자국의 문화나 언어를 프랑스의 학교에서 교육하는 프로그램이 등장했다. 그러나 일명 '본국 언어와 문화Langues et Cultures d'Origine(LCO)'라고 일컬어지는 이 프로그램은 커다란 효과를 거두지는 못했다. 1988~1989년도 교육부의 조사에 따르면 초등학교의 경우 이 프로그램에 대한 호응도가 알제리 학생은 평균 14퍼센트, 모로코 학생은 15퍼센트, 튀니지 학생은 15퍼센트, 터키 학생은 35퍼센트로 비교적 낮은 편이었다.[282] 그 원인에는 여러 가지가 있을 수 있으나, 우선 이들이 배우는 아랍어가 문어체 아랍어로, 일상에서 쓰는 각 마그레브 지역의 방언과 다르다는 것을 지적할 수 있다. 즉 이 아랍어는 마그레브 출신 어린이들에게는 사실상 외국어와 다름이 없다. 이 밖에 모로코인의 반은 아랍어가 아닌 베르베르어를 구사하고 있는 것도 한 이유로 꼽을 수 있다.[283] 뿐만 아니라 이들이 모국어를 배우는 시간은 주당 세 시간에 불과했으며, 다른 수업 시간과 겹치는 데에서 오는 학업 부진, 프랑스 친구들과 교실과 과목을 달리하는 데서 오는 '불명예', 때로는 기존 수업을 등한시하는 부작용도 생겨났다.[284]

또 정교 분리 원칙에도 불구하고 정부는 마그레브인들을 대규모로 고용한 르노 자동차와 같은 국영 기업의 공장 내 또는 이민자가 밀집해 있는 지역에 이슬람 기도소를 설치하는 것을 용이하게 해주었을 뿐만 아니라[285] 더 나아가 이들에게 재정 지원을 해주기까지 했다.[286] 부지 할당, 이슬람 성직자imam 봉급의 지불, 종교 서적의 구입 등을 '국립이민문화진흥청

l'Office national pour la promotion culturelle des immigrés'
이 지원했는데, 이는 1976년 12월 29일 도지사에게 전달된 '출신 국가'와의 협력 아래 재정적으로 지원할 수 있다는 규정에 따른 것이었다.[287]

또한 프랑스 정부는 1977년 〈모자이크〉라는 이민자를 위한 텔레비전 프로그램을 방영함으로써 제3세계의 문화 전통을 강조한 바 있다.[288] 이 프로그램은 대개 이민자 본국의 텔레비전 방송국들이 제안한 프로그램들이었다.[289] 그러나 이러한 조치들이 어디까지나 프랑스 정부가 취하고 있는 이민 송환 정책을 지원하기 위한 전략이었다는 데에는 의심의 여지가 없다.

지금까지의 사례들만 가지고 프랑스가 동화주의 정책을 펴는 데 소홀하다는 결론에 도달할 수는 없다. 단지 프랑스 공화국의 완벽한 동화주의 정책은 이론적으로만 가능하다는 것이며, 현실적으로는 때때로 다문화주의 정책들을 시행할 수밖에 없다.[290]

(3) '두 문화'의 화합을 위하여

이민자들은 새로운 환경에 적응하면서도 자신들의 문화를 간직해서 자녀들에게 전해주려 한다. 그러나 그 자녀들은 때로 이러한 문화 문제뿐 아니라, 자기가 태어나고 자란 나라에서 완전한 시민으로 인정받지 못하는 현실의 벽에 부딪히게 된다. 예를 들어, 마그레브인 이민 2세들은 부모의 나라에서 자신의 정체성을 찾지 못하고 있고, 프랑스에서는 인종적으로 경멸당한 경험을 갖고 있으며, 때로 프랑스 국적을 갖고 있는데도 외국인으로 분류되는 일에 부딪힌다.[291]

이러한 정체성 혼란은 젊은 무슬림이 프랑스 사회에 온전히 동화되는 데 많은 걸림돌이 되고 있다. 이민 2세들의 시민권 요구에 대해 프랑스는 시민권을 부여하는 조건으로 프랑스 사회에 철저히 동화될 것을 요구한다. 1990년대 들어와 이전의 '차이에 대한 권리', '소수', '문화적 차별성'과 같은 다문화주의와 연관된 논리는 약화된 반면 전통적인 동화의 논리가 강화되었다. 마그레브인 이민자와 프랑스인 사이의 식민지 역사를 둘러싼 갈등 구조 및 경제 위기에 따른 실업자 증가 문제가 이면에 자리 잡고 있고, 또 앞서 언급한 여러 사건과 관련하여 프랑스 여론에 의해 부각된 이슬람교의 이질성이 프랑스인의 의식과 정서에 남아 있기 때문이다.[292]

이처럼 프랑스 내에 이슬람 공동체가 존재한다는 것과 '두 문화' 사이의 갈등이 존재한다는 것은 엄연한 사실이다. 앞서 살펴보았듯이, 전통적인 동화 정책에도 분명 한계가 있고, 2002년 대통령 선거에서 보았듯이 프랑스 내 극우파의 급부상으로 다문화주의 정책이 실현될 입지는 더욱 좁아지고 있다. 그렇다면 프랑스 공화국은 이 문제를 어떻게 해결해나갈 수 있을 것인가? 우선 북아프리카 이민자와의 문화적 차이를 부각시키는 프랑스 극우파들의 주장을 극복해야 한다. 그래야만 기존의 동화주의 정책보다 더 크고 유연한 '그릇'을 준비할 수 있을 것이다. 이를 위해 우리는 서로 다른 두 공동체 간의 유사성이 실제로는 문화적 차이만큼이나 의미를 가질 수 있음을 생각해볼 수 있다. 이는 신인종주의자들이 주장하는 '문화적 차이'라는 개념보다 '문화적 다양성'이라는 개념이 더 적절한 표현일 수 있다는 얘기다. 문화적 다양성이라는 개념은 '그들'과 '우리' 모두가 사실상 내적으로 상당히 분화되어 있으며 그 경계가 유동적이고 흐릿하다는 것을 인정하게 한다.[293] 만일 문화에 대해 이러한 관점이 받아들여진다면, 현재 '단일하고 분리될 수 없는 공화국'을 목표로 프랑스 사회를 꾸준히 동질적인 사회로 통합하려 하고 있는 프랑스 정부의 정책과 신인종주의자들이 내세우는 문화적 상대주의 개념이 완화될 수 있지 않겠는가. 이러한 사고의 전환은 무슬림 이민 공동체에도 마찬가지로 요구된다.

맺는말 ― 열린 공화국을 위하여: 편견과 무지의 제거

지금까지 새로운 세기를 전후하여 프랑스에서 벌어지고 있는 프랑스-프랑스 전쟁인 '문화전쟁'에 대해 살펴보았다. 나는 1989년 크레유에서 벌어진 무슬림 여학생들의 교내 히잡 착용 관련 사건을 출발점으로 하여 제2차 세계대전 이후 프랑스 이민의 구성원 변화와 그에 따른 프랑스 사회의 '사회·문화적 위기'를 살펴보면서 프랑스 공화국이 새 천 년에도 계속해서 자기 '원칙'에 단호할 수 있는지를 진단해보았다.

사실 히잡 사건이 세상에 알려지기 전만 해도 일반적으로 프랑스인들은 거리에서 여성들이 히잡을 쓰고 다니는 것을 참을 수 없는 도발로 느끼지는 않았다. 그러나 1989년의 히잡 사건에서 볼 수 있듯이, 이 '종교적 상징'이 학교 내부에 '침투'하자마자 프랑스인들은 무슬림 소녀들이 프랑스의 정체성을 고도로 상징하는 장소를 '모독했다'는 느낌을 받았다. 정말 종교적·인종적 특성을 추방하고 단일성을 추구하는 정교 분리 원칙에 입각한 프랑스 공화국 정신이 모독을 당한 것인가? '모독을 당했다'는 느낌을 오히려 최근 점증하는 프랑스 공화국의 유약성을 드러내는 표시로 볼 수는 없는가?

학교는 공화국의 상징이다. 공화국의 강인함을 보이기 위해서라도 학교는 폐쇄적이 되기보다는 오히려 열려 있어야 한다. 즉, 하나의 문화와 마찬가지로 하나의 종교에 속한다는 것을 보여주는 히잡과 같은 '외부 징표'를 환영하고 이해하는 학교는 무슬림 학생들을 쉽게 동화시켜 프랑스 공화국의 '세속 문화'에 자연스럽게 통합시킬 수 있을 것이다. 하지만 히잡을 쓰는 것에 반대하고, 히잡에 적대적인 학교는 불관용의 이미지를 얻게 될 위험이 있다. 교내 히잡 착용이 야기한 문제에 있어서는 전통적으로 공화국의 세속화, 즉 공화국 학교의 비종교성을 주장해온 사람들의 견해가 서로 다르게 나타난다. 공화국 학교는 세속 학교이기 때문에 종교적 선동을 펴는 이들을 교육을 통해 세속화, 근대화시켜야 한다는 견해와, 공화국 학교는 세속 학교이기 때문에 종교적 주장을 펴는 이들은 발을 못 붙이게 해야 한다는 견해로 갈리고 있는 것이다.[294] 어느 쪽이 공화국 정신을 구현하는 데 바람직한가? 일부 무슬림 소녀들은 학창 시절을 보내고, 직업을 갖고, 부모로부터 독립한 후에 결국 히잡 쓰는 것을 포기하게 된다. 또 스스로 히잡 착용을 선택한 경우라 하더라도 학습권을 포기하지 않은 학생이라면, 공화국 정부가 우려하는 이슬람 급진주의에 속할 가능성은 적어 보인다. 어느 쪽이 이들을 프랑스 세속 문화에 통합하는 데 더 효과적일 수 있겠는가?

결국 히잡 착용을 허용했다고 해서 학교의 정교 분리 원칙이 훼손된다고 말한다면, 이것은 학교의 위기이자 더 나아가 프랑스 공화국의 위기라고 볼 수도 있을 것이다. 1989년의 히잡 사건 당시 영부인이자 '자유 프랑스France Libertés'의 대표였던 다니엘 미테랑Danielle Mitterrand 여사는 10월 23일, 히잡을 쓴 소녀들에 대한 퇴학 조치에 반대하면서 공화국이 더 넓은 의미의 '세속화' 정책을 채택하도록 권고했다. "만일 프랑스 혁명 200년 후 정교 분리 원칙이 프랑스에서 모든 종교, 모든 표현을 받아들일 수 없다면, 그것은 퇴보를 가져올 것이며…히잡이 비록 어느 한 종교의 상징이라고 하더라도, 우리는 그것이 무엇이든 그 전통을 인정해야만 한다."[295] 이처럼 1989년의 히잡 사건은 공화국 학교가 이슬람의 '침투'에 대해 국민의 통합 기구, 세속화의 선봉으로서 유효한지, 아니면 21세기형 '새로운 공화국'이 필요한지를 시험해보는 계기가 되었던 것 같다.[296]

사실 히잡 사건은 공화국과 학교만의 문제는 아니다. 1905년 정교 분리 원칙이 법으로 제정된 지 100주년이 되는 시점에 프랑스 사회는 무슬림 이민에게 단순히 '교회와 국가의 분리'만을 강조할 수는 없게 되었다. 학교 내에서의 종교적 상징물 착용을 금지하는 일이 20세기 초에 가톨릭을 상대로 했을 때와는 완전히 다른 차원의 문제가 되어버렸다. 즉, 가톨릭 신자와 달리 이슬람 신자들은 대부분 과거에 프랑스의 식민지였던 국가에서 이민 온 사람들로, 프랑스 사회의 하층민을 형성하고 있다. 문제는 어떠한 순수한 입장에서 대책을 내놓는다고 하더라도 '차별'——그것이 인종 차별이든지 혹은 종교·문화 차별이든지 간에——의 문제와 분리될 수 없다는 것이다. 더욱이 무슬림으로서는 정교 분리 원칙을 철저히 적용하기 위한 법으로 인식되는 '3월 15일 법'을, "기원, 인종, 종교의 구분 없이 모든 시민이 법 앞에 평등"[297]하다는 공화국의 정신이 제대로 구현되지 않던 식민지 시대의 경험 등 그동안의 역사적 경험에 비추어 곧이곧대로 받아들일 수 없는 것이다.

 자연히 히잡 사건은 차별과 떼려야 뗄 수 없다. 그런 까닭에 나는 이 사건의 배경이 될 수 있는 프랑스인들의 이슬람혐오주의를 다소 장황하게 지적했다. 그럼에도 프랑스 사회는 생각보다 '건실하게' 굴러가고 있다. 여전히 프랑스는 세계 최대의 인권 국가 중 하나이며, 실제로 '자유, 평등, 박애' 정신을 사회 곳곳에서 실천하고 있는 국가라고 스스로 자부하고 있다. 그 이유는 무엇인가? 나는 프랑스에 머무는 짧은 기간 동안에도 반(反)인종주의 시민 단체들이 주도하는 수많은 '인종주의와 반유대주의에 반대하는' 시위와 강연회 등을 목격했다. 흡사, 프랑스가 동화주의 원칙을 고수하는 데 따르는 '부작용'인 인종 차별을 극복하기 위해 몸부림이라도 치고 있는 것 같았다. 또 2004년 1월에 알제리 출신의 데르무슈Aïssa Dermouche 교수[298]를 쥐라 도의 도지사로 임명하여 프랑스 여론을 뜨겁게 달군 "긍정적 차별la discrimination positive" 문제도 그 부작용을 보완하기 위한 조치로 보였다. 뿐만 아니라 프랑스는 이슬람을 대하는 데 있어서 반드시 편견에 가득 찬 부정적인 모습만 보여주지는 않았다. 예를 들어 이슬람 사원에 대해서 절대적인 적대감만을 표출하지는 않았다. 과거 수년 동안 건설된 대규모 이슬람 사원[299]에서 행해지는 평화로운 종교 활동을 지켜본 프랑스인들은 그러한 장소가 일부 사람들의 생각과는 달리 공공 질서를 위협하지 않는다고 생각하기도 했다. 일부 정치가들과 시민들은 프랑스의 '정경'의 일부로서 이러한 이슬람 사원들을 받아들일 준비가 되어 있었다. 1994년 파스카 내무부 장관이 리옹의 이슬람 사원 축성식에 참석하여 정부의 입장을 밝혔는데, 프랑스 내에서 이슬람 문제를 더 이상 이민의 문제, 외국인의 문제가 아니라 프랑스의 문제로 볼 필요가 있으며, 이제 프랑스는 이슬람을 받아들일 준비가 되어 있다는 내용이었다.[300] 현 대중운동연합 총재로 차기 프랑스 대통령을 내다보는 사르코지도 내무부 장관 시절에 이슬람 대표체를 구성하게 하고 이슬람을 프랑스의 일부로 받아들일 수 있음을 수차례에 걸쳐 표명했다.[301] 한편 이슬람 사원 지도자들이 프랑스인들과 대화와 이해를 지속하기 위해 노력한 것 또한 소기의 성과를 거두었다. 그들은 라마단 기간 동안 가난한 사람을 위해 무료 식사를 제공하고, 지식인, 기자, 정치인이 참여하는 좌담회 및 토론을 준비하는 등 이슬람 사원을 비이슬람 세계에 개방한 것이다. 이처럼 북아프리카 이민에 대한 프랑스인들의 정서가 완전히 적대적이지만은 않았다는 것이 사실일 수도 있다. 그렇지만 20세기 말에 아랍권과 관련된 여러 가지 사태가 발생했을 때, 그리고 프랑스 국내에서 여러 사건들이 발생했을 때[302] 이러한 우호적 시선은 순식간에 거두어질 수밖에 없었다.

여기에 덧붙여 극우 정파들이 '문화적 차이'에 대해 강조한 덕분에 주요 정파를 비롯한 프랑스 사회가 별 거부감 없이 이들의 주장을 수용하는 측면이 있다는 것도 기억하자. 오늘날 프랑스인들은 인종주의자로 낙인찍히지 않기 위해 공개적으로 인종 차별을 거론하지 않으며, 이러한 표현 대신에 '프랑스 사회에서 이민 문제가 매우 심각하다'는 우회적인 표현으로 자신의 감정을 표출한다. 다시 한번 강조하지만, 프랑스인들이 말하는 '이민'은 프랑스 국적을 가지고 있든 아니든 자신들과 '문화가 다른' 마그레브인 혹은 흑인을 의미한다고 보아야 한다. 이들 이민은 그만큼 '진정한' 프랑스인이 되기 어렵다. 무엇보다도 인종의 구분은 프랑스 국적의 취득에 의해 사라지지 않는다. 사실 프랑스의 해외 영토(DOM-TOM) 사람들은 외국인이 아니다. 알제리 독립 전쟁 당시 프랑스를 위해 싸웠고, 1962년 '피에누아르pieds-noirs'[303]와 함께 프랑스로 귀환한 아르키Harkis[304]들도 외국인이 아니다. 알제리가 독립한 해인 1962년 이전에 알제리에서 알제리 부모 밑에 태어난 사람들도 외국인이 아니다. 프랑스에서 외국인 부모 아래에서 태어나 18세에 자동적으로 프랑스 국적을 취득한 사람들도 외국인이 아니다. 그러나 그들은 통계적으로는 외국인으로 집계되지 않지만, 일반적으로 '이민자'로 분류되곤 한다. 에스파냐, 포르투갈, 이탈리아 등 백인으로서 프랑스 국적을 가지고 있지 않은 유럽인 거주자들은 통계상으로는 프랑스에 거주하는 외국인으로 분류되지만, 이들은 오늘날 이민에게 가해지는 차별을 겪지 않는다.[305] 단지 종교, 문화, 피부 색깔이 같다는 이유에서다.

결국 '문화전쟁'은 종식될 수 없는가? 히잡 사건을 해결하는 데 프랑스 공화국이 내세운 것은 정교 분리 원칙이었지만 프랑스가 실제로 더 중요하게 생각한 것은 공동체주의의 출현을 막는 것이었다. 이는 무슬림 공동체의 게토화에 대한 프랑스인들의 두려움에 기인한다. 최근 만난 아들 친구 다미앵의 아버지는 그 역시 이민자 출신이지만 나와의 대화에서 이슬람 게토에 대한 두려움을 극단적으로 표현한 바 있다. 그가 생각하기에 이슬람 게토는 프랑스가 아닌 '외국' 그 자체였고, 심지어는 '여권이 필요한 곳'이기도 했다. 그만큼 이슬람 게토는 프랑스인들에게 이질적인 공간이며 두려운 장소로 인식되고 있었다.

결국 프랑스가 계속 '단일하고 분리될 수 없는 공화국'을 이루기 위해 동화주의 정책을 추구하려 한다면, 우선 무슬림 이민의 게토화를 막는 방법을 찾아야 할 것이다. 앞서 지적했듯이, 히잡 쓴 여학생을 퇴학시키는 것은 문제를 해결하는 데 전혀 도움이 되지 않을 것이다. 그들은 교문을 나서자마자 다시 히잡을 쓸 것이고, 더 극단적으로는 급진적 이슬람 단체로 기울 것이기 때문이다.

그렇지만 이 모든 문제의 근본적인 해결책은 프랑스인들의 이슬람에 대한 '편견'과 그에 따르는 '무지'를 없애는 일일 것이다. 적어도 이방인인 내가 보기에는 프랑스인의 무슬림에 대한 편견이 이슬람에 대한 무지, 그리고 그로 인한 두려움을 가져온 듯하다. 최근 논의되고 있는 터키의 유럽연합 가입 문제에서 프랑스가 유럽연합 국가 중 가장 비우호적이라는 여론 조사 결과는 프랑스인들의 이슬람 혐오가 어느 정도인지 잘 보여준다. 표면적인 반대 이유로는 터키의 '인권 문제', '경제적 후진성', '여성의 권리' 등 여러 가지가 열거되지만, 가장 핵심적인 이유는 바로 터키 국민의 상당수가 무슬림이라는 점이다.[306) 왜 프랑스는 같은 유럽 국가인 독일, 이탈리아, 에스파냐, 영국보다 무슬림에 대해 훨씬 더 부정적인 인식을 가지고 있을까? 과거의 북아프리카 식민지 문제에 기인하는가? 현재 프랑스에 거주하고 있는 무슬림 이민의 수와 관련이 있는가? 아니면 이웃 나라들과는 달리 이슬람과 관련된 프랑스만의 독특한 역사적 기억이 존재하는가? 앞 장에서 제시된 '두 문화의 화합을 위한' 노력에 덧붙여 이러한 의문에 대한 올바른 답과 해결책이 제시되지 않는 한 프랑스에서의 '문화전쟁'은 좀처럼 끝나지 않을 것 같다. 여기에서 빠뜨리지 말아야 할 것은 프랑스 못지않게 무슬림 이민 공동체도 두 공동체 간의 종교적·문화적 갈등을 해소하려는 노력에 나서야 한다는 것이다. '열린 공화국'을 건설하기 위해서는 두 공동체가 그들 사이에 놓여 있는 편견과 무지를 제거하는 것이 무엇보다도 절실하다.

주

1) *Libération*, 2004년 12월 18일 자.

2) 국내 신문들도 르 펜Jean-Marie Le Pen의 결선 투표 진출을 계기로, 유럽에서 본격적으로 세를 넓히고 있는 극우파 문제를 다루었다. 한 일간지에 실린 네덜란드 극우파에 대한 설명은 다음과 같다. "포르토인은 이민자들이 유럽 문화를 수용하는 한, 흑인도 무슬림도 반대하지 않는다. 대신 그는 1993년 네덜란드의 이민 문호 개방 이후 대폭 늘어난 이슬람권 이민자들이 유럽의 관용적이고 현대적인 문화를 위협하고 있다고 주장한다. 반여성주의, 반관용, 과거 회귀적인 종교관을 가진 무슬림들이 그들의 문화를 유럽 내에 심으려 해 결국 네덜란드의 삶의 방식을 파괴할 것이라는 주장이다." 《한국일보》, 2002년 4월 29일 자.

3) *Le Monde*, 2004년 9월 20일 자.

4) John Wrench·John Solomos, "Race and Racism in Contemporary Europe", J. Wrench·J. Solomos (ed.), *Racism and Migration in Western Europe*(Oxford/Providence: BERG, 1993), 3쪽.

5) 제1차 세계대전으로 인하여 막대한 인력 손실을 입은 프랑스는 전후 재건 및 경제 성장을 위하여 이웃 국가들로부터 이민자를 받아들여야 했다. 게다가 이웃 국가들의 정치적 불안은 프랑스로의 이민을 더욱 촉진시켰다. M. Dreyfus, "Travailleurs français et immigrés: mêmes combats?", *Historiens & Géographes*, n. 350(1995년 10월), 262쪽.

6) 사실 프랑스에서 인종주의라는 용어는 유대인을 상대로 쓰이기 시작했다. 《라루스 사전 *Le Dictionnaire Larousse*》은 1932년이 되어서야 처음으로 민족사회주의 이론에서만 제한적으로 '인종주의'라는 항목을 언급했다. *L'Histoire*, n. 214(1997년 10월), 3쪽.

7) *Wall Street Journal*, 2004년 12월 10일 자 유럽판에 발표된 여론 조

사, *Le Monde*, 2004년 12월 15일 자에서 재인용.

8) 1914년에 프랑스에 거주하는 알제리인 노동자는 약 1만 3,000명으로, 이탈리아인 41만 9,000명(1911년), 벨기에인 28만 7,000명(1911년), 에스파냐인 10만 5,000명(1911년) 등에 비하면 미미한 수준이었다. 알제리인의 수는 제1차 세계대전, 1930년대 경제 위기, 제2차 세계대전을 겪으면서 증감을 반복하는데, 그 위상에 있어서는 별 차이가 없었다. Jacques Simon, "L'immigration algérienne en France", *Le Lien*, n. 39(http://www.fen.fr/~marchand/Lien% 2035/ L1.htm1); Ralph Schor, *Histoire de l'immigration en France: de la fin du XIXᵉ siècle à nos jours*(Paris: Armand Colin, 1996), 14쪽.

9) 1946년에 프랑스에 거주하는 이민자 가운데 유럽 출신이 88.7퍼센트, 아프리카 출신이 3.1퍼센트였는데, 알제리 이민자는 전체 이민자 가운데 1.3퍼센트에 불과했다. Patrick Weil, *La France et ses étrangers*(Paris: Gallimard, 1991), annexes.

10) 1946년에서 1955년 사이에 프랑스에 입국한 외국인 노동자의 71.5퍼센트가 이탈리아인이었다. 한편 알제리인들은 자국 내 출산율이 증가하고 실업률이 상승한데다가 1947년 9월 20일 법령으로 프랑스로의 이주가 자유로워짐에 따라 이민이 크게 증가했다. 1950년에서 1955년 사이에 프랑스에 입국한 알제리인은 15만 5,000명을 넘어섰는데, 이는 같은 기간에 다른 나라 국적의 노동자들이 기록한 11만 1,000명을 훨씬 웃도는 것이었다. Ralph Schor, *Histoire de l'immigration en France: de la fin du XIXᵉ siècle à nos jours*, 198쪽.

11) 특히 폴란드인의 비율이 매우 감소했다. 반면 이탈리아인이나 에스파냐인은 현상을 유지하거나 약간 증가했다. 한편 1954년에 아프리카 이민자의 비율은 총 이민의 13퍼센트를 차지했다. 특히 이 가운데 알제리인이 12퍼센트를 차지했다. Patrick Weil, *La France et ses étrangers*, annexes.

12) Ralph Schor, *Histoire de l'immigration en France: de la fin du XIXᵉ siècle à nos jours*, 200쪽.

13) 1962년 3월 18일 프랑스 론알프 지방의 에비앙레뱅에서 프랑스 정부 대표와 알제리 임시 정부 대표 사이에 체결된 정전(停戰) 협정 및 프랑스 정부의 8개 선언문의 총칭. 이로써 알제리 전쟁은 끝이 났고, 프랑스는 알제리에서의 국민 투표를 거쳐서 알제리의 독립을 인정하게 되었다. 그러나 사하라 유전에 대한 프랑스의 이권이 유지되고, 알제리가 프랑스에 군사 기지를 제공하는 등 문제점이 남아 있었다. 4월 8일 프랑스에서 실시된 국민 투표에서는 90퍼센트가 에비앙 협정을 지지했고, 7월 1일 알제리 국민 투표에서는 99.7퍼센트가 독립을 지지했다.

14) 마그레브를 포함한 아프리카로부터 이주한 이민은 1954년에 총 이민의 13퍼센트에 불과했던 반면, 1968년에는 24.8퍼센트에 달했다. 이를 더 구체적으로 살펴보면, 1968년에 60만 7,000명의 에스파냐인, 57만 1,000명의 이탈리아인이 있었는데, 1975년에는 이들이 각각 49만 7,000명과 46만 2,000명으로 감소한 반면, 알제리인은 47만 3,000명에서 71만 명(전체 이민의 20.6퍼센트)으로, 모로코인은 8만 4,000명에서 26만 명으로, 튀니지인은 6만 1,000명에서 14만 명으로 증가했다. L. Gervereau·P. Milza·E. Temime (s.d.), *Toute la France: Histoire de l'immigration en France au XXe Siècle*(Paris: Somogy, 1998), 15~16쪽.

15) 과도한 이민을 조절하기 위해 1966년부터는 국립이민청으로부터 새로 창설된 '인구 및 이민국la Direction de la Population et des Migrations'으로 해당 임무가 이전되었다. 물론 이 기구가 창설되기 전에도 알제리인의 입국을 통제하려는 노력은 있었다.

16) 아프리카 흑인의 이주는 1960년대 초에 시작되어 1964년에 4만여 명으로 늘어났고, 1974년에 모로코인이 26만 명에 달했을 것으로 추산되는데, 이는 1970년대 이래 국가별 입국자 수로 두 번째로 많은 것이었다.

17) A. Girard·J. Stoetzel, *Français et immigrés, INED, Travaux et Documents, Cahier*, n. 19, 2tomes(Paris: PUF, 1953). Olivier Milza, *Les Français devant l'immigration*(Bruxelles: Éditions Complexe, 1988), 75~77쪽에서 재인용.

18) Olivier Milza, *Les Français devant l'immigration*, 75~76쪽; Ralph Schor, *Histoire de l'immigration en France: de la fin du XIXe siècle à nos jours*, 223쪽.

19) Ralph Schor, *Histoire de l'immigration en France: de la fin du XIXe siècle à nos jours*, 197~198쪽.

20) A. Girard·J. Stoetzel, *Français et immigrés*, INED, Travaux et Documents, Cahier, n. 19, t.1, 38쪽. Olivier Milza, *Les Français devant l'immigration*, 79쪽에서 재인용.

21) *Esprit*, 1966년 4월호 참조.

22) H. G. Simmons, *The French National Front*(Colorado: Westview Press, 1996), 151쪽.

23) H. G. Simmons, *The French National Front*, 151쪽.

24) 당시 이집트 대통령 나세르가 영국과 프랑스가 공동으로 소유하고 있던 수에즈 운하를 국유화함으로써 제2차 중동전이 발발하는 한 계기가 되었다.

25) Olivier Milza, *Les Français devant l'immigration*, 71쪽.

26) H. G. Simmons, *The French National Front*, 153쪽.

27) 《르 몽드》와의 인터뷰에서, 알제리 대통령 부메디엔Houari Boumedienne은 "만일 프랑스 정부가 우리 노동자를 원하지 않는다면 그렇다고 말하시오. 우리가 그들이 되돌아오도록 할 것입니다. 그러나 만일 프랑스가 우리 노동자를 필요로 한다면, 프랑스 정부는 그들을 보호할 책임이 있습니다." H. G. Simmons, *The French National Front*, 154쪽에서 재인용.

28) 샤를 마르텔Charles Martel은 732년 프랑스 중서부 지방의 푸아티에 전투에서 이슬람 세력의 공격을 막아낸 역사적 인물로, 이는 반(反)이슬람적인 이 단체의 성격을 상징적으로 나타내는 이름이라고 하겠다.

29) H. G. Simmons, *The French National Front*, 154쪽.

30) L. Gervereau·P. Milza·E. Temime (s.d.), *Toute la France: Histoire*

de l'immigration en France au XXe Siècle, 16쪽.

31) L. Gervereau·P. Milza·E. Temime (s.d.), *Toute la France: Histoire de l'immigration en France au XXe Siècle*, 16쪽.

32) 유럽 주요 국가의 이민자 정책에 대해서는 간략하나마 다음을 참조할 수 있다. 엠마뉘엘 토드, 《유럽의 발견: 인류사적 유럽사》, 김경근 옮김(까치, 1997), 529~535쪽.

33) L. Gervereau·P. Milza, E. Temime (s.d.), *Toute la France: Histoire de l'immigration en France au XXe Siècle*, 18~19쪽.

34) 1990년대 후반에 프랑스에는 약 400~450만 명의 무슬림(알제리 150만, 모로코 100만, 튀니지 35만, 터키 35만, 사하라 이남 아프리카 출신 25만 명)이 거주했던 것으로 추정된다. 이는 프랑스 총인구의 약 7퍼센트로 유럽에서 가장 높은 수치다. 유럽연합 15개국에 총 1,200만 명의 무슬림이 거주하는데, 이들은 독일 300만(3퍼센트), 에스파냐 30만(0.7퍼센트), 이탈리아 50만(1퍼센트), 영국 159만(2.7퍼센트) 명 등으로 분산되어 있다. Jocelyne Cesari, *L'islam à l'épreuve de l'occident*(Paris: La Découverte, 2004), 266쪽.

35) Françoise Gaspard·Farhad Khosrokhavar, *Le Foulard et la République*(Paris: La Découverte, 1995), 19쪽.

36) Maxim Silverman, *Deconstructing the Nation: Immigration, Racism and Citizenship in Modern France*(London·N.Y.: Routeledge, 1992), 1쪽.

37) 1989년 프랑스 사회에는 종교적 불관용이 만연해 있었던 것으로 보인다. 그 즈음 개봉된 영화 〈그리스도 최후의 유혹〉(1988)은 영화를 상영한 극장에 방화가 일어났을 정도로 프랑스 사회에 거센 반발을 불러일으켰다. 또 1988년 루시디Salman Rushdie가 《악마의 시*Satanic Verses*》를 발표하자 호메이니가 루시디를 살해할 것을 명령한 것(fatwa, 1989년 2월 14일)도 당시 프랑스 사회의 반이슬람 분위기를 고조시켰다. 한편 그동안 거의 없었던 교내에서의 학생들의 권리를 일정 부분 보장한 '조스팽 법'(1989년 7월)의 통과가 히잡 사건에 어느 정도 영향을

미쳤을 것이라는 해석도 있다. Jean Baubérot, "Voile, École, Femmes, Laïcité", Alain Houziaux, *Le Voile, que cache-t-il?*(Paris: Édition de l'Atelier, 2004), 52~56쪽.

38) Joël Roman, "La laïcité française à l'épreuve de la diversité", Philippe Dewitte (s.d.), *Immigration et Intégration: l'État des savoirs* (Paris: La Découverte, 1999), 378쪽. 이 책은 정교 분리 원칙, 통합, 이슬람을 큰 주제로 여성의 지위, 신앙의 자유, 아동의 권리, 국가와 교회의 분리 등을 다루고 있다. Antonio Perotti·France Thépaut, "L'affaire du foulard: d'un fait divers à un fait de société", *Migrations Société*, vol. 2, n. 7(1990년 1~2월), 64쪽. 《리베라시옹》은 이 문제의 관건은 바로 "새로운 천 년간의 프랑스의 정체성"이라고 주장했다. *Libération*, 1989년 11월 6일 자.

39) Alain Gresh, *L'islam, la République et le monde*(Paris: Fayard, 2004), 262쪽.

40) Alain Gresh, *L'islam, la République et le monde*, 262쪽.

41) 더 정확하게는, 이 도시의 근교에 존재한다.

42) Françoise Gaspard·Farhad Khosrokhavar, *Le Foulard et la République*, 13~14쪽.

43) 일부 자료에는 Chennière로 표기되어 있다.

44) 교장은 이 사건 이후 공화국연합의 후보로 하원 의원에 당선된다. Catherine Wihtol de Wenden, "Les 《*jeunes issus de l'immigration*》, entre intégration culturelle et exclusion sociale", Philippe Dewitte (s.d.), *Immigration et intégration: l'État des savoirs*, 379쪽.

45) Françoise Gaspard·Farhad Khosrokhavar, *Le Foulard et la République*, 14~15쪽.

46) Guy Coq, "Querelle autour d'un voile", *Les Collections de L'Histoire*, H.S. n. 6(1999년 10월), 98쪽.

47) Françoise Gaspard·Farhad Khosrokhavar, *Le Foulard et la République*, 14~15쪽.

48) Gilles Kepel, "Trois questions sur 《*l'intégrisme*》musulman", *L'Histoire*(Spécial), n. 135(1990년 7~8월), 118쪽.

49) *Le Monde*, 1989년 10월 21일 자.

50) Guy Coq, "Querelle autour d'un voile", 98쪽.

51) Françoise Gaspard·Farhad Khosrokhavar, *Le Foulard et la République*, 21쪽.

52) *Le Quotidien de Paris*, 1989년 10월 18일 자; Fraçoise Gaspard·Farhad Khosrokhavar, *Le Foulard et la République*, 18쪽.

53) 1970년대 초까지 어떤 종교 의식적 상징도 도시 공간에 나타나지 않았다. 이슬람의 집단 거주지는 프랑스인 거주지에서 배척되었다. 이로 인해 초기 무슬림 이민자들은 프랑스 사회를 영구적인 정착지가 아닌 일시적인 경유지로 인식하게 되었다. Jocelyne Cesari, "De l'islam en France à l'islam de France", *Immigration et intégration: l'État des savoirs*, 224쪽.

54) 알랭 드 브누아Alain de Benoist는 '유럽 문명 조사 및 연구 그룹Groupement de Recherche et d'Études pour la Civilisation Européenne(GRECE)' 소속 지식인이다. GRECE에 대한 국내 문헌으로는 김용우, 〈프랑스-"프랑스를 프랑스인들에게"〉, 《역사비평》 27집(1994년 겨울) 참조.

55) *Le Monde*, 1989년 10월 27일 자.

56) 대부분의 조직들이 침묵하는 가운데, 세 개의 전국적 인권 단체만이 입장을 밝혔다. 이들은 공통적으로 공립학교는 모든 학생을 다 받아들여야 함에도 불구하고 이를 어긴 교장의 결정을 비난했다. 이 세 단체는 (드레퓌스 사건 시기에 조직된) 인권연맹, 친공산당 조직인 '인종주의, 반유대주의에 반대하고 평화를 옹호하는 운동Mouvement contre le racisme, l'antisémitisme et pour la paix(MRAP)', SOS-라시슴SOS-Racisme(극우파의 출현에 대응해 사회당 다수파의 세력하에 1984년에 조직된 청년 단체)이다. Françoise Gaspard·Farhad Khosrokhavar, *Le Foulard et la République*, 14쪽.

57) 당시 국방 장관인 슈벤망은 대표적인 공화주의적 사회주의자로서 "공화국 학교를 통해서만 아이들이 종교의 몽매주의적 특수주의로부터 해방될 수 있다"라고 주장했다. Maxim Silverman, *Deconstructing the Nation: Immigration, Racism and Citizenship in Modern France*, 112쪽.

58) Fédération des syndicats généraux de l'Éducation nationale et de la Recherche publique의 약어.

59) Françoise Gaspard·Farhad Khosrokhavar, *Le Foulard et la République*, 20쪽.

60) 바댕테Elisabeth Badinter, 드브레Régis Debray, 핑키엘크로Alain Finkielkraut, 퐁트네Elisabeth de Fontenay, 킨츨러Catherine Kintzler다. *Le Nouvel Observateur*, 1989년 11월 2일 자.

61) *L'Événement du Jeudi*, 1989년 11월 9일 자.

62) Jeanne-Hélène Kaltenbach·Michèle Tribalat, *La République et l'Islam: Entre crainte et aveuglement*(Paris: Gallimard, 2002), 209쪽. 로카르Michel Rocard는 1989년 12월 2일에 프랑스는 '공동체의 병렬'이어서는 안 되고 '공동의 가치' 위에 서 있어야 하며, 인종 그룹에 따른 문화적 게토를 허용하는 앵글로색슨 모델을 따라서는 안 된다고 주장했다. *Le Monde*, 1989년 12월 10일 자.

63) Jeanne-Hélène Kaltenbach·Michèle Tribalat, *La République et l'Islam: Entre crainte et aveuglement*, 209쪽.

64) "Avis du Conseil d'État du 27 novembre 1989", Sonia Orallo, *La Laïcité en pratique à l'école dans l'administration à l'hôpital dans l'entreprise*(Paris: Prat, 2004), 112쪽.

65) *Le Figaro Magazine*, 1989년 11월 4일 자.

66) Alain Houziaux, "Un conflit de lois", *Le Voile, que cache-t-il?*, 23쪽.

67) 히잡 착용에 대한 찬반 논란은 뜨거웠다. 반대하는 쪽의 논리는 《르 피가로》에 실린 〈차도르, 여성 할례, 카니발〉이라는 글을 인용하는 것으로 충분할 것이다. 이 글의 필자인 클로Max Clos는 다음과 같이 주

장하고 있다. "크레유 지역 젊은 무슬림들의 '히잡 사건'은 타 종교를 존중한다는 차원을 훨씬 넘어서고 있다. 톨레랑스라는 명분으로, 다른 이를 존중한다는 명분으로 우리 땅에서 여성 할례와 카니발이 자행되는 것을 인정해야만 하는가? 우리 문화는 히잡과는 전혀 상관이 없다…우리 정체성을 보존하는 것이 중요하다." *Le Figaro*, 1989년 10월 13일 자. 반대로 찬성하는 쪽의 논지 일부를 살펴보자. 랑글루아Bernard Langlois는 "청소년에게 갑작스럽게 자기 부모, 자기의 기원과 단절하도록 강요할 수 없다. 이는 뿌리를 잘라버리고 나무를 옮겨 심으려는 것과 마찬가지다", "제외시키는 것은 원리주의의 발판을 만드는 것이며, 민족전선의 발판을 만드는 것이기도 하다", "우리는 청소년들에게 중·고등학교에 다닐 권리를 얻기 위해 부모를 배신하라고 강요하는 것을 받아들일 수 없다"라고 쓴다. *Politis*, 1989년 11월 9일 자.

68) 1989~1994년에 다섯 개의 '히잡 사건'이 법정에 섰다. Guy Coq, "Querelle autour d'un voile", 98쪽.

69) 우선 가까이는 1994년 가을에 우파 정부가 새로이 들어서면서, "외부에 드러나는 표시signes ostentatoires"를 엄격히 해석하라는 그 유명한 공문이 1994년 9월 20일에 각 학교에 내려졌다. 이는 학교에서 히잡을 금지하기를 원하는 발라뒤르Edouard Balladur 정부의 교육부 장관 바이루François Bayrou의 의사였다. Joël Roman, "La laïcité française à l'épreuve de la diversité", Philippe Dewitte (s.d.), *Immigration et Intégration: l'État des savoirs*, 379쪽.

70) "밖으로 나타내는 것 이외에는 유혹하는 어떤 것도 보여서는 아니 되느니라. 즉 가슴을 가리는 수건을 써서 남편과 그의 부모, 자기 부모, 자기 자식, 자기의 형제, 형제의 자식, 소유하고 있는 하녀, 성욕을 갖지 못하는 하인, 그리고 성에 대해 부끄러움을 알지 못하는 어린이 이외의 자에게는 아름다운 곳을 드러내지 않도록 해야 되느니라"(《코란》, 24장 31절). 이희수·이원삼 외,《이슬람》(청아출판사, 2001), 107쪽.

71) 김능우, 〈중동의 사회와 문화〉, 손주영·김상태 엮음,《중동의 새로운 이해》(오름, 1999), 102~104쪽.

72) 여성의 몸을 가리는 이러한 의상은 아랍에서 히잡(머리나 몸을 덮는 의상), 부르카(안면 가리개), 니캅(얼굴 전체를 덮는 검은 베일) 등 다양한 베일의 형태로 나타났다. 또한 터키에서는 페즈(보통 머리를 덮는 것)와 차르샤프(몸을 덮는 것), 이란에서는 차도르(머리 덮개)로 나타났다. 이러한 의상은 다양한 색깔이 있기는 하지만 대개 검은색이며 실크나 양모 등으로 만들어진다. 김능우, 〈중동의 사회와 문화〉, 103쪽.

73) 프란츠 파농, 《몰락하는 식민주의》, 성찬성 옮김(한마당, 1979), 13~14쪽.

74) 알제리를 위시한 모로코, 튀니지 등 북아프리카 국가들은 법적으로는 1950~1960년대에 이미 프랑스로부터 독립했지만, 정치, 외교, 경제 혹은 문화적인 측면에서 구 식민지 본국인 프랑스로부터 여전히 많은 영향을 받고 있음을 부인할 수 없다.

75) Françoise Gaspard·Farhad Khosrokhavar, *Le Foulard et la République*, 53쪽. 이 책의 저자들은 많은 무슬림 소녀들을 인터뷰한 결과 이러한 결론을 내리고 있다.

76) 1995년 가을에 테러의 주범인 리옹 출신의 켈칼Khaled Kelkal이 한 다음과 같은 말은 이 점에서 시사적이다. "나의 문화를 잊는 것, 돼지고기를 먹는 것 등, 완전한 통합은 불완전하며, 나는 결코 여기에 도달할 수 없다." Jocelyne Cesari, *Musulmans et républicains: Les Jeunes, l'Islam et la France*(Bruxelles: Éditions Complexe, 1998), 11쪽.

77) 이 정책의 결과, 1980년대에 이슬람 조직의 도약으로 이슬람교가 '프랑스 제2의 종교'로 '가시화' 되었다. Jocelyne Cesari, *Musulmans et républicains: Les Jeunes, l'Islam et la France*, 9쪽.

78) Françoise Gaspard·Farhad Khosrokhavar, *Le Foulard et la République*, 35쪽.

79) Jocelyne Cesari, *Musulmans et républicains: Les Jeunes, l'Islam et la France*, 10쪽.

80) Françoise Gaspard·Farhad Khosrokhavar, *Le Foulard et la République*, 38쪽.

81) 2003년도 《르 몽드》, 《라비 *La Vie*》, 그리고 CSA의 공동 여론 조사에 따르면, 프랑스에는 62퍼센트의 가톨릭, 2퍼센트의 프로테스탄트, 27퍼센트의 무종교, 1퍼센트의 유대교, 6퍼센트의 이슬람, 그리고 2퍼센트의 기타 종교 신자가 존재한다. 프랑스 가톨릭 교회의 통계로는 프랑스인의 77.5퍼센트가 가톨릭 신자로, 6,000만 인구 가운데 4,610만 명이 이에 해당한다. Libération, 2004년 10월 26일 자.

82) Françoise Gaspard·Farhad Khosrokhavar, *Le Foulard et la République*, 43쪽.

83) *Le Monde*, 1989년 11월 30일 자.

84) Françoise Gaspard·Farhad Khosrokhavar, *Le Foulard et la République*, 27~28쪽.

85) Bruno Etienne, *La France et l'Islam* (Paris: Hachette, 1989), 10쪽.

86) 이때만 해도 대체로 무슬림 소녀들은 개인적 신념을 위해서가 아니라 가정에 문제를 일으키지 않기 위해서 히잡을 썼기 때문에, 학교에서 비교적 쉽게 교사와 타협할 수 있었다. 이 소녀들은 레크리에이션 시간에는 히잡을 다소 느슨하게 했고, 일반적으로 수업 시간에는 쓰지 않았다. 대다수 가정은 이러한 타협을 받아들였다. 이들은 학교에서만은 부모의 간섭 없이 히잡을 벗을 수 있었기 때문에, 학교가 히잡 착용을 금지하는 것을 오히려 다행으로 여기기도 했다. Françoise Gaspard·Farhad Khosrokhavar, *Le Foulard et la République*, 55쪽.

87) 켈칼이 주동한 1995년의 테러 사건을 일컫는다. 구체적인 내용은 본문 137쪽 참조.

88) 《리베라시옹》은 1989년의 히잡 사건 때, 국지적 사건으로 그칠 수도 있었을 이 사건을 전국적인 사건으로 만드는 데 공헌한 신문이며, 지금도 이 주제에 대해 가장 적극적으로 관심을 갖고 있는 프랑스 주요 일간지 가운데 하나다.

89) Marie-Joëlle Gros, *Libération*, 2003년 6월 24일 자.

90) *Le Monde*, 2002년 12월 19일 자.

91) *Libération*, 2003년 6월 20일 자.
92) *Libération*, 2003년 7월 4일 자.
93) *Le Monde*, 2003년 11월 29일 자.
94) *L'Express*, 2004년 9월 13일 자, 2004년 10월 18일 자.
95) *Libération*, 2003년 9월 10일 자.
96) *Le Nouvel Observateur*, 2003년 4월 29일 자 NouvelObs.com (인터넷판).
97) 공식 명칭은 '정교 분리 원칙의 적용에 있어, 공립 중·고등학교에서 종교적 외양을 드러내는 옷이나 상징물의 착용을 포괄하는 2004년 3월 15일의 법 Loi n. 2004-228 du 15 mars 2004 encadrant, en application du principe de laïcité, le port de signes ou de tenues manifestant une appartenance religieuse dans les écoles, collèges et lycées publics'. *Journal Officiel*, 2004년 3월 17일 자. 이하 '종교적 상징물 착용 금지법'.
98) 스타지 Bernand Stasi가 위원장으로 임명된 것은 우연이 아니다. 스타지는 시라크 대통령과 국립행정학교(ENA) 동기이며, 이민자의 동화를 열렬히 주장하는 사람이다. 그의 주저는 《이민, 프랑스를 위한 행운 *L'Immigration, une chance pour la France*》(1984)이며, 오랫동안 극우파의 증오의 대상이 되었다. *Libération*, 2003년 7월 1일 자.
99) 이 위원회는 20명의 다양한 분야의 대표자들로 구성되어 있다. 정치인으로 델바르 Michel Delebarre(사회당)와 올랭 Nelly Ollin(대중운동연합), 학자로 케펠 Gilles Kepel과 바이 Patrick Weil, 교육부 대표로 크네 Maurice Quenet와 셰리피 Hanifa Chérifi, 종교 문화 연구가로 가톨릭 대표 레몽 René Rémond과 프로테스탄트 대표 보베로 Jean Baubérot, 이슬람 대표 아르쿤 Mohamed Arkoun, 그 외에 철학자 프나-뤼 Henri Pena-Ruiz, 사회학자 투렌 Alain Touraine 등이 참여했다. *Le Monde*, 2003년 9월 10일 자.
100) "사회당과 여당인 대중운동연합의 지지 하에 하원 의장인 드브레 Jean-Louis Debré는 2003년 6월 4일에 '학교에서의 종교적 상징 부

착 문제에 관한 위원회'를 창설했다. 이 위원회에는 19명의 대중운동연합 의원, 8명의 사회당 의원, 2명의 프랑스 민주연합 의원, 2명의 공산당 의원 등 총 31명의 의원이 참여했다." *Le Monde*, 2003년 9월 10일 자.

101) "두 위원회는 2003년 내에 결론을 내려야 했는데, 청문회 원칙이나 운영 시기가 매우 비슷했다. 하원 의장 측근들은 두 위원회가 경쟁적이지 않고 상호 보완적이라고 말하면서도, 자신들의 위원회가 더 구체적인 문제를 다루고 있다고 주장했다. 그렇지만 대통령의 위원회로 인해 이 위원회는 상당히 빛을 잃게 된다." *Libération*, 2003년 9월 10일 자.

102) *Libération*, 2003년 7월 4일 자.

103) *Libération*, 2003년 7월 4일 자.

104) *Le Monde*, 2003년 11월 5일 자.

105) *Le Monde*, 2003년 6월 25일 자.

106) *Le Monde*, 2003년 6월 18일 자.

107) *Le Monde*, 2003년 9월 16일 자.

108) *Le Monde*, 2003년 9월 16일 자.

109) 일반적으로 사회부라 번역되는 이 부서의 원명은 '사회, 노동 및 연대 문제 부ministère des affaires sociales, du travail et de la solidarité'다. 즉 이 부서는 사회 연대의 책임을 지고 있다.

110) *Le Monde*, 2003년 9월 16일 자.

111) *Le Monde des Religions*, n. 1(2003년 9~10월), 69쪽.

112) *Le Monde des Religions*, n. 1(2003년 9~10월), 69쪽.

113) *Le Monde*, 2003년 9월 16일 자. *Libération*, 2004년 11월 4일 자. 사르코지는 2004년 10월에 출간된 저서 《공화국, 종교 그리고 희망*La République, les religions, l'espérance*》(Éditions du Cerf)에서도 마찬가지의 견해를 밝힌다. 단지 그는 여기서 1905년 법의 수정을 제안한다. 즉 국가가 이슬람 사원 건축비를 보조할 수 있게 해야 하며, 필요에 따라서는 종교 지도자 양성에도 국가가 지원할 수 있어야 한다고 주장한다. 전반적으로 1905년 법 수정에 반대가 많은데, 특히 후자의 견해에 대해 많은 논란이 따른다. *Le Monde*, 2004년 10월 27~28일 자. *Libération*,

2004년 10월 27일 자. 특히 *Le Figaro Magazine*, 2004년 10월 23일 자는 책 소개와 함께 다양한 지식인의 반응을 다루고 있다.

114) *Le Nouvel Observateur*, 2003년 9월 17일. http://permanent.nouvelobs.com/cgi/edition/

115) www.dialogue-initiative.com

116) *Le Nouvel Observateur*, 2003년 7월 3일 자.

117) *Le Nouvel Observateur*, 2003년 7월 3일 자.

118) "2002년 7월 슈투트가르트 법원은 아프가니스탄 출신의 독일 국적 여성인 루딘이 히잡을 쓴 채 강의하는 것을 금지한 주 정부의 결정에 대해 '적법하다'고 판결했다. 루딘은 이 판결이 종교의 자유를 인정한 독일 헌법에 위배된다며 헌법 재판을 신청했다. 헌법재판소는 2003년 9월 24일 심리에 들어갔다. 참고로 헌법재판소는 2003년 8월 히잡을 쓴다는 이유로 직원을 해고하는 것은 위헌이라고 판결한 바 있다. 터키계 여성인 코랄은 프랑크푸르트 인근 백화점에서 점원으로 일하면서 히잡을 썼으나 '손님에게 거부감을 준다'는 이유로 해고당했다." 《동아일보》, 2003년 9월 25일 자. *Le Monde*, 2003년 9월 24일 자.

119) *Le Monde*, 2003년 6월 6일 자.

120) *Le Nouvel Observateur*, 2003년 7월 3일 자.

121) *Le Nouvel Observateur*, 2003년 7월 3일 자.

122) *L'Express*, 2003년 8월 21일 자.

123) *L'Express*, 2003년 8월 21일 자.

124) *L'Express*, 2003년 4월 30일 자.

125) *Libération*, 2003년 9월 10일 자.

126) *Libération*, 2003년 9월 10일 자.

127) *Le Monde*, 2003년 9월 10일 자.

128) 여기에서는 2003년 이후에 출간된 주요 저작물들만 언급하겠다. 무순이며, 출판지는 전부 파리다. Régis Debray, *Ce que nous voile le voile: la République et le sacré* (Gallimard, 2004). Bernard Stasi (Commission présidée par), *Laïcité et République: Rapport au Prés-*

ident de la République(La Documentation Française, 2004). Émile Poulat, *Notre laïcité publique: la France est une République laïque* (Berg International Editeur, 2003). Jean Baubérot, *Histoire de la Laïcité en France*, Que sais-je?(3571)(PUF, 2004). Ch. Sorrel, *La République contre les congrégations*(Cerf, 2003). Henri Pena-Ruiz(Textes choisis & présentés par), *La Laïcité*(Flammarion, 2003). Philippe Lazar, *Autrement dit Laïque*(Éditions Liana Levi, 2003). Jean Baubérot, *La Laïcité à l'épreuve: religions et libertés dans le monde*(Universalis, 2004). Jacques Robert, *La fin de la laïcité*(Odile Jacob, 2004). Alain Gresh, *L'islam, la République et le monde*(Fayard, 2004). Alain Houziaux (sous la direction de), *Le Voile, que cache-t-il?*(Les Éditions de l'Atelier, 2004). Jean-Louis Debré, *La Laïcité à l'école: Un principe républicain à réaffirmer, rapport de la mission d'information de l'Assemblée nationale présidée par Jean-Louis Debré*(Odile Jacob, 2004). Michèle Vianès, *Un voile sur la République*(Stock, 2004). Fawzia Zouari, *Ce voile qui déchire la France* (Ramsay, 2004). Leïla Djitli, *Lettre à ma fille qui veut porter le voile*(Éditions de la Martinière, 2004) 등.

129) 다음은 프랑스 제5공화국 헌법 전문의 일부다. "프랑스는 단일하고 분리될 수 없는, 세속적인, 민주적인 그리고 사회적인 공화국이다. 프랑스는 기원, 인종, 종교의 구분 없이 모든 시민이 법 앞에 평등함을 보장한다. 프랑스는 모든 신앙을 존중한다. La France est une République indivisible, laïque, démocratique et sociale. Elle assure l'égalité devant la loi de tous les citoyens sans distinction d'origine, de race ou de religion. Elle respecte toutes les croyances."

130) Bernard Stasi(commission présidée par), *Laïcité et République: Rapport au Président de la République*.

131) Assemblée Nationale, *Rapport fait au nom de la mission d'information sur la question du port des signes religieux à l'école*, 2 vol. (2003).

132) *Journal Officiel*, Numéro 118, 2004년 5월 22일 자.

133) 나는 이들 보고서와 법안, 시행 세칙을 앞서 제기한 질문에 대한 논의의 기반으로 삼으려 한다. 이는 현 프랑스 정부뿐만 아니라 이 분야의 프랑스 최고 지성들이 교내에서의 히잡 착용 문제와 정교 분리 원칙이라는 문제를 어떻게 생각하고, 어떻게 해결하려 하는지 보여주는 대표적인 공문서라 할 수 있기 때문이다.

134) Assemblée Nationale, *Rapport fait au nom de la mission d'information sur la question du port des signes religieux à l'école, tome 1: La Laïcité à l'école, un principe républicain à réaffirmer* (2003), 7쪽. 임시 시행 세칙에서도 그 뜻을 명확히 한다. "교육과 시민 의식의 형성의 임무".

135) *Circulaire provisoire*, 2004년 4월 20일 자.

136) 스타지 보고서는 정교 분리 원칙의 기반이 국가의 중립성과 신앙의 자유 보장, 두 가지임을 명확히 한다. Bernard Stasi(Commission présidée par), *Laïcité et République: Rapport au Président de la République*, 51쪽.

137) 2004년 9월 22일 파리 15구의 대학 식당에서 히잡을 쓴 무슬림 여학생이 '새로운 법'을 잘못 해석한 식당 책임자에 의해 쫓겨난 일이 있다. *Le Monde*, 2004년 9월 26일 자. 이에 대해 2004년 새로이 교육부 장관이 된 피용 François Fillon은 해당 법은 미성년자에게만 해당됨을 천명했다. *Le Monde*, 2004년 9월 29일 자.

138) 이 조항은 '공화국'의 해석과 정반대 해석으로도 인용된다. 즉 개인의 신앙의 자유를 보장해야 한다는 것은 공립학교 내에서 히잡을 착용하려는 학생의 신앙 행위도 보장해야 한다는 의미로 해석할 수 있는 것이다. Alain Houziaux, "Un conflit de lois", 20~21쪽.

139) *Circulaire provisoire*, 2004년 4월 20일 자.

140) 스타지 보고서는 정교 분리 원칙을 "개인의 자유로운 표현을 보장"하고, "모두에게 판단의 자율성과 자유를 단련하는 교육을 받게 하는 것"으로 규정하고 이 원칙을 인권의 범주에 포함시킨다. Bernard Stasi(Commission présidée par), *Laïcité et République: Rapport au*

Président de la République, 32쪽.

141) 세속성 laïcité을 타 종교만큼이나 비타협적인 하나의 종교로 보는 시각이 존재한다. "라이크(성직자가 아닌 사람) 광신주의", "라이크 원리주의", "라이크 고위 성직자"라는 용어가 비타협적인 라이크를 대상으로 사용되었다(인용 순서대로, *Le Quotidien de Paris, Courrier des lecteurs*, 1989년 11월 1일 자. 저명한 이슬람 학자인 에티엔Bruno Etienne의 언급, *La Revue Panoramiques*, n. 1, 1991년 6~8월. *Politis*, 1989년 12월 7일 자). 정교 분리 혹은 세속성이라고 흔히 불리는 laïcité라는 말은 일반적으로 '종교적이 아닌 것', '비종교성'을 뜻하지만, 교회 그리고 종교로부터의 국가의 분리, 독립을 지칭하는 것으로 1871년에 공립학교에 처음 쓰였다. Maurice André·Edmond Finck et al., *Histoire de la laïcité*(Paris: Éditions PEMF, 1999), 1쪽.

142) 우지오Houziaux는 공립학교에서 종교적 복장의 착용을 금지시킴으로써 프랑스라는 국가가 종교로 기능하려 한다고 비난한다. 즉, 그는 이 법안이 성소(학교)와 세속(학교 이외의 장소)을 구분했다고 주장한다. Alain Houziaux, "Un conflit de lois", 16쪽.

143) 기업 혹은 공공 서비스 장소 등에서 무슬림 여성의 히잡 착용 문제가 빈번히 분쟁의 원인이 되었다는 것은 앞서 언급한 바 있다. 2004년 9월, 리옹에서는 구청에서 거행된 결혼식에 참여한 증인이 히잡을 썼다는 이유로 증인에서 제외되는 일이 있었다. *Le Monde*, 2004년 9월 26일 자.

144) 프랑스에서의 비기독교화에 관한 문제는 백인호, 《창과 십자가: 프랑스 혁명과 종교》(소나무, 2004) 참조.

145) 20세기 말의 학교 당국과 이슬람교의 관계를 19세기 말의 쥘 페리Jules Ferry와 가톨릭의 관계와 비교해볼 수 있다. *Le Point*, 1989년 10월 16일 자. *Libération*, 1989년 10월 30일 자.

146) *Cent ans d'École Laïque: L'histoire de l'instruction en France à travers les âges*(Paris: Société Coopérative Arts et Techniques de l'Office Central de la Coopération à l'École, 1982), 36쪽.

147) Françoise Gaspard·Farhad Khosrokhavar, *Le Foulard et la République*, 41쪽. 1995년에 출판된 이 책에 따르면, 실제로 학교에서 다른 종교의 상징물을 착용하는 학생에 비해 히잡을 쓴 소녀들이 오히려 드물다. 600명의 학생 가운데 기껏해야 5~6명 정도이며, 많아도 10여 명에 불과하다. 흔히 이 소녀들은 독실한 무슬림 아버지를 두었고, 그 지역에서 잘 알려진 집안 출신이다.

148) 2004년 4월 20일 교육부는 임시 시행 세칙안을 내놓은 바 있다. 이 세칙안이 특히 교사들로부터 많은 반발을 사게 되어 최종 시행 세칙에서는 많은 수정이 불가피했다. 교육부가 내놓았던 임시 시행 세칙에서 많은 논란이 되었던 것 가운데 대표적인 것이 종교적 의상les tenues religieuses과 전통(문화) 의상les tenues culturelles을 구분하여 전자는 금지하고 후자는 용인한 것이다. 이러한 모호한 입장에 가장 반대한 단체는 대다수 교장이 가입하고 있는 SNPDEN(Syndicat National des Personnels de Direction de l'Éducation Nationale)이었다. 정치인으로는 대중운동연합의 바루앵François Baroin 의원이 이 문제에 가장 많은 관심을 표명했는데, 그는 모든 학생이 크기나 형태에 관계없이 어떠한 히잡도 쓰지 말아야 한다고 주장했다. *Libération*, 2004년 4월 30일 자.

149) 2004년 5월 18일의 확정 시행 세칙은 이전의 임시 시행 세칙에 비해 훨씬 엄격한 잣대를 적용했다. 이 시행 세칙의 작성에는 교직 단체가 함께 참여했다. *Le Monde*, 2004년 5월 7일 자.

150) *Circulaire*, 2004년 5월 18일 자.

151) Assemblée Nationale, *Rapport fait au nom de la mission d'information sur la question du port des signes religieux à l'école*, 9~10쪽. 하원 의장 장-루이 드브레의 서문.

152) 사회당 정권의 교육부 장관이었던 랑Jack Lang의 측근에 따르면, 중·고등학교에서 무단 결석자의 수는 10만 명 이상으로 추산된다. *Le Parisien*, 2000년 10월 24일 자.

153) 1993년 11월 낭튀아의 그자비에-비샤 중학교에 다니던 두 자매

가 체육 시간에 히잡을 벗으려 하지 않아 퇴학당한 사건이 있다. 이 사건은 최고행정재판소가 인정한 첫 번째 퇴학으로 기록되었다. Jeanne-Hélène Kaltenbach·Michèle Tribalat, *La République et l'Islam: Entre crainte et aveuglement*, 222쪽.

154) 1988년 누아용에서 발생한 사건. Jeanne-Hélène Kaltenbach·Michèle Tribalat, *La République et l 'Islam: Entre crainte et aveuglement*, 191쪽.

155) 이러한 주제에 대해 내가 인터뷰한 파리 대학 사학과 학생인 소니아 아이아리는 수영 시간의 예를 다음과 같이 설명했다. "누구나 자기의 벗은 몸을 남에게 보이고 싶어 하지 않는다. 내 경우도 그러했다. 그것을 종교와 연관시켜 매도하는 것은 부당하다"(2004년 9월 22일, 파리).

156) 히잡 사건이 처음 발생한 크레유에서 일부 유대인 학생들이 토요일 수업에 결석하는 일이 있었으나, 그 지역 유대인 책임자와의 합의하에 결석하는 일이 없어졌다. Jeanne-Hélène Kaltenbach·Michèle Tribalat, *La République et l'Islam: Entre crainte et aveuglement*, 191쪽.

157) 물론 녹색당, 공산당 등 일부 반대 표가 있었다. 그렇지만 현 정치권의 대다수를 차지하고 있는 집권 여당과 사회당이 법안에 찬성했다는 것은 정치권 대다수가 이 주제에서 합의를 이루었다는 얘기가 된다.

158) 이슬람 세력에 의해 2001년 9월 11일에 일어난 미국 뉴욕의 세계무역센터에 대한 테러는 프랑스인들이 이슬람을 더욱 '악마화' 하는 계기가 된다. 일부 학자들은 기존의 이슬람혐오주의와는 다른 새로운 이슬람혐오주의 la nouvelle islamophobie가 출현했다고 말하기도 한다. 즉 '9월 11일 테러'를 기점으로 이슬람 테러를 강조하는 새로운 '안보 전문가'가 나타나 '새로운 이슬람혐오주의'를 유포한다는 것이다. 대표적인 저술로 Vincent Geisser, *La nouvelle islamophobie*(Paris: La Découverte, 2003)를 들 수 있다. 이 책은 주로 언론, 지식인 계층의 이슬람혐오주의를 분석 대상으로 삼고 있으며, 프랑스에서 커다란 반향을 불러일으켰다.

159) 물론 이슬람 사립학교가 거의 존재하지 않는 데 반해, 유대인 사

립학교와 가톨릭 사립학교가 다수 존재하기 때문에 공립학교에서 이들이 '종교적 상징물'을 착용하는 것이 일반적인 경우는 아니라고 할 수 있다. 2004년 9월 법이 시행되자 유대교 책임자들은 "앞으로 공립학교 내에서 키파를 쓰는 학생들은 전혀 없을 것"이라고 확언했다. *Le Monde*, 2004년 9월 3일 자. 이는 반대로 그동안 그러한 사례가 있었음을 반증한다고 하겠다. 이 신문에 따르면, 유대 초·중등학교의 경우 1970년대에 47개의 학교 그룹groupe scolaire이 있었으나 지금은 100여 개(여기에는 256개의 초등학교와 중·고등학교가 소속됨)가 있으며 해당 취학 아동의 약 30퍼센트인 3만 명의 학생이 유대 학교에 다니고 있다.

160) 2003년 9월 프랑스 북부 도시 릴에서는 무슬림 학생만을 주로 받아들이는 사립고등학교가 신설된다. 이 학교에서는 히잡 착용이 전적으로 학생 개인의 자유 의지에 달려 있다. *Libération*, 2003년 7월 11일 자.

161) Guy Coq, *Laïcité et République: le lien nécessaire* (Paris: Éditions du Félin, 1995), 265쪽.

162) 2004년 유엔은 프랑스에서 히잡 쓴 무슬림 소녀들을 퇴학시키는 것은 이들 소녀들의 기본적인 권리인 학습권을 침해하는 것이라는 보고서를 내놓은 바 있다. http://www.laic.info/Members/webmestre/Droit-Enfant.2004-06-03.3456에서 원문 확인 가능.

163) Alain Houziaux, "Un conflit de lois", 13~14쪽.

164) 바이벨Nadine B. Weibel은 히잡의 기능을 복종, 분리, 정체성, 부인(否認), 실용화라는 다섯 가지로 나누고 있다. Nadine B. Weibel, *Par-delà le voile: Femmes d'Islam en Europe* (Bruxelles: Éditions Complexe, 2000), 74~84쪽.

165) 이 문제에는 많은 논의가 뒤따른다. 분명 소홀히 취급할 수 없는 문제이기는 하지만 본고에서 다루는 문제와는 거리가 있는 관계로 이 주제는 다음 기회로 미루겠다. 다만 한 가지 언급할 것은 오히려 '종교적 상징물 착용 금지법'을 만든 정부를 '성차별주의자'라고 비난하는 단체도 있다는 것이다. '모두를 위한 학교 연대le Collectif Une école pour

toutes et tous'의 공동 창설자인 크리농Monique Crinon은 이 법을 "배제의 법이자, 성 차별적 법이고, 인종 차별적 법"이라고 공격한다. *Le Monde*, 2004년 10월 6일 자. 또한 역사적 관점에서 여성 투표권이 다른 나라에 비해 늦게 부여된 것과 같은 프랑스 사회의 여성에 대한 보수적 시각을 반영하는 것으로 해석하는 사례도 있다. Jean Baubérot, "Voile, École, Femmes, Laïcité", 56~61쪽.

166) Assemblée Nationale, *Rapport fait au nom de la mission d'information sur la question du port des signes religieux à l'école*, 8쪽. 그러나 내가 만나 대화를 나눈 히잡을 쓴 여성들은 한결같이 이러한 견해에 반대했다. 자신들의 행위는 순전히 자발적인 행위이지 어느 누구의 권유나 압력도 받은 바가 없다는 것이다. 특히 이러한 질문 자체에 매우 불쾌해하는 여성들도 많았다. 스타지 위원회의 위원인 코스타-라스쿠 Jacqueline Costa-Lascoux는 "왜 히잡을 쓰느냐?"라는 질문에 이 여성들은 "나의 선택이고, 나의 권리이며, 나의 신앙"이라고 천편일률적으로 대답한다고 지적한다. Jacqueline Costa-Lascoux, "La loi nécessaire", Alain Houziaux, *Le Voile, que cache-t-il?*, 86쪽.

167) Jeanne-Hélène Kaltenbach·Michèle Tribalat, *La République et l'Islam: Entre crainte et aveuglement*, 228쪽.

168) 본 대담은 부자르Dounia Bouzar의 다음 논문 발표 후, 부자르와 보베로와 코스타-라스쿠 3인 간에 이루어졌다. Dounia Bouzar, "Du Déni de l'islam à l'enfermement dans la facette musulmane", Alain Houziaux, *Le Voile, que cache-t-il?*, 44쪽.

169) Champy à Epinal, *Le Quotidien*, 1989년 6월 13일 자. Jeanne-Hélène Kaltenbach·Michèle Tribalat, *La République et l'Islam: Entre crainte et aveuglement*, 228쪽.

170) 예를 들어, 1989년에 실시된 한 여론 조사에 따르면, 프랑스의 무슬림들은 이슬람을 평화, 진보, 관용 그리고 여성 보호와 동의어로 보는 반면, 프랑스의 '비무슬림들'은 이슬람에서 폭력, 과거로의 회귀, 여성의 굴종, 그리고 광신을 보고 있다. 이 여론 조사에서 흥미로운 것은 학교에

서 히잡 쓰는 것을 옹호하는 사람들은 이슬람 원리주의로의 진전을 가장 두려워하는 젊은이, 중견 간부 및 지식인들이라는 사실이다. Jeanne-Hélène Kaltenbach·Michèle Tribalat, *La République et l 'Islam: Entre crainte et aveuglement*, 195쪽.

171) 최근 터키의 유럽연합 가입 문제를 두고 새로이 반이슬람주의가 불거져 나오고 있다. 유럽 주요국 가운데 프랑스 국민이 터키의 가입에 가장 반대하고 있다는 여론 조사 결과가 나와 있으며, 그 주요 이유도 터키가 무슬림으로 구성된 국가라는 데 있다. *Le Figaro Magazine*, 2004년 10월 2일 자, 44쪽. 프랑스의 일반 국민들뿐만 아니라 민족전선 등 극우 정파는 물론이고 집권 여당인 대중운동연합도 터키의 유럽연합 가입에 매우 부정적이다. 최근에는 프랑스 국민의 75퍼센트가 반대한다는 여론 조사가 발표되었다. *Libération*, 2004년 10월 12일 자, 7쪽.

172) Jeanne-Hélène Kaltenbach·Michèle Tribalat, *La République et l'Islam: Entre crainte et aveuglement*, 192쪽.

173) Jeanne-Hélène Kaltenbach·Michèle Tribalat, *La République et l'Islam: Entre crainte et aveuglement*, 192쪽.

174) 사회당 정부 시절인 1984년 10월에 데지르 Harlem Désir가 창설한 단체. 미테랑 대통령의 적극적인 지원을 받아 반인종주의 메시지를 확산하기 위해 노력했으나, 이 조직의 활동은 역설적이게도 민족전선과 함께 이민 문제를 공론화하는 데 더 많은 보탬이 되었다. J. Marcus, *The National Front and French Politics* (N.Y.: New York University Press, 1995), 80쪽.

175) Jeanne-Hélène Kaltenbach·Michèle Tribalat, *La République et l 'Islam: Entre crainte et aveuglement*, 196쪽.

176) Jeanne-Hélène Kaltenbach·Michèle Tribalat, *La République et l 'Islam: Entre crainte et aveuglement*, 196쪽.

177) 1985년 10월 26일에, 중도 우파 잡지인 《르 피가로 마가진》은 프랑스 공화국의 상징인 마리안에 차도르를 입혀 묘사한 커버에 다음과 같은 표제를 달았다. "30년 후에도 우리가 여전히 프랑스인일 것인

가?Serons-nous encore Français dans 30ans?" 이 기사는 북아프리카 이민의 출생률 추이로 보아 2015년까지 520만 명의 프랑스인이 감소하고, 그 수만큼의 이민자가 증가할 것으로 예측했다.

178) *Le Quotidien de Paris*, 1989년 10월 18일 자; Fraçoise Gaspard·Farhad Khosrokhavar, *Le Foulard et la République*, 18쪽.

179) *Le Nouvel Observateur*, 1989년 10월 5일 자. 이 잡지의 표제는 "광신, 종교적 위협"이라고 되어 있다. 한편 프랑스의 대표적인 주간지에 나타난 '이슬람 상징'에 대한 연구가 있어 소개한다. F. Frégosi, "L'intégrisme dans *Le Figaro Magazine et Le Nouvel Observateur*. Étude d'une représentation sociale de l'islam", mémoire maîtrise sous la direction de Bruno Etienne(IEP d'Aix-en-Provence, 1987).

180) Vincent Geisser, *La nouvelle islamophobie*(Paris: La Découverte, 2003), 23쪽.

181) Vincent Geisser, *La nouvelle islamophobie*, 28쪽.

182) 각 정당마다 격렬한 찬반 논란이 있었음을 염두에 두자. Yvan Gastaut, "〈L'affair du foulard〉: la laïcité à l'épreuve de l'immigration(1989)", *Historiens & Géographes*, n. 385(2004년 1월), 221~222쪽. 한편, 트로츠키 정파라고 할 수 있는 극좌의 '노동 투쟁Lutte Ouvrière' 조차도 히잡 착용이 '여성의 굴종'을 상징한다는 명분으로 '3월 15일 법'에 찬성하고 있다. *L'Express*, 2004년 10월 18일 자.

183) 조스팽Lionel Jospin은 10월 25일 의회에서 히잡 쓴 소녀들을 받아들여야 한다는 입장을 표명했으며, 한 주간지와의 인터뷰에서도 "히잡 쓴 학생들을 받아들입시다"라고 주장해, 이러한 자신의 입장을 다시 확인시켰다. *Le Nouvel Observateur*, 1989년 10월 26일 자.

184) Jeanne-Hélène Kaltenbach·Michèle Tribalat, *La République et l'Islam: Entre crainte et aveuglement*, 207쪽.

185) Jeanne-Hélène Kaltenbach·Michèle Tribalat, *La République et l'Islam: Entre crainte et aveuglement*, 207쪽.

186) Jean Baubérot, "Voile, École, Femmes, Laïcité", 64쪽.

187) 가스토 Yvan Gastaut는 1989년 10월 이후 계속 진행된 여론 조사의 추이를 통하여, 프랑스인들이 히잡 착용에 대하여 점점 더 반대 입장으로 기울고 있음을 보여준다. 비록 짧은 기간이기는 하지만, 그 변화는 명확하다. 사건 초기에는 반대 48퍼센트, 찬성 38퍼센트였던 것이, 1990년에는 반대 85퍼센트, 찬성 6퍼센트까지 변했다. Yvan Gastaut, "〈L'affair du foulard〉: la laïcité à l'épreuve de l'immigration (1989)", *Historiens & Géographe*, n. 385(2004년 1월), 215~216쪽.

188) 스타지 위원회는 이 문제들에 대해 그 복잡성과 시간적인 제약으로 충분한 논의를 할 수 없었다는 해명을 내놓은 바 있다. "Débat", Alain Houziaux, *Le Voile, que cache -t -il?*, 108쪽.

189) Jean-Yves Le Gallou, "Identité nationale et préférence nationale", *Club de l'Horloge, L'identité de la France*(Paris: Albin Michel, 1985), 14쪽.

190) Jean-Yves Le Gallou, "Identité nationale et préférence nationale", 254쪽.

191) Bruno Mégret, *La Flamme*(Paris: Robert Laffont, 1990), 207쪽.

192) Bruno Mégret, *La Flamme*, 202쪽.

193) Jean-Marie Le Pen, *Les Français d'abord*(Paris: Carrière/ Laffont, 1984), 75~76쪽.

194) H. G. Simmons, *The French National Front*, 163쪽.

195) H. G. Simmons, *The French National Front*, 164쪽.

196) Pierre-André Taguieff, *Face au racisme*, vol. 2(Paris: La Découverte, 1991), 43쪽. 이데올로기적으로 보아, 이 인종주의는 이미 앵글로색슨 국가들에서 널리 퍼져 있는 "인종 없는 인종주의 racism without races"의 구조와 일치한다. Etienne Balibar, "Is there a Neo-Racism?", E. Balibar·I. Wallerstein (ed.), *Race, Nation, Class: Ambiguous Identities*(London·New York: Verso, 1991), 21쪽.

197) 신인종주의를 처음으로 체계화한 저작은 Martin Barker, *The New Racism*(London: Junction Books, 1981)이며, 프랑스에서는 P.-A.

Taguieff, *La Force du préjugé* (Paris: La Découverte, 1988)다. Michel Wieviorka, *Le Racisme: une introduction* (Paris: La Découverte, 1998), 31~33쪽.

198) H. G. Simmons, *The French National Front*, 163쪽.

199) 이러한 면에서 타기에프는 "차별적"이라는 표현을 쓴다. Pierre-André Taguieff, *Le Racisme* (Paris: Flammarion, 1997), 46쪽.

200) J.-M. Le Pen, *Les Français d'abord*, 227쪽.

201) Christophe Hameau, *La Campagne de Jean-Marie Le Pen pour l'élection présidentielle de 1988* (Travaux et Recherches de l'Université Panthéon-Assas, Paris II, n.d.), 77쪽. H. G. Simmons, *The French National Front*, 162쪽에서 재인용.

202) 프랑스의 이민과 인종주의에 관한 영국의 대표적 권위자 가운데 한 명인 실버맨은 르 펜 자신이 이러한 연계를 고안했다기보다는 단지 우파 정치가들이 만들어놓은 것을 이용했을 뿐이라고 지적한다. Maxim Silverman, *Deconstructing the Nation: Immigration, Racism and Citizenship in Modern France*, 91쪽.

203) H. G. Simmons, *The French National Front*, 160쪽.

204) 이민에 관한 민족전선의 전문가인 밀로즈Pierre Milloz는 프랑스가 이민에 지불하는 총 비용은 2,100억 프랑인데, 이 수치는 프랑스인이 매년 임금에 대해 내는 세금 전체와 맞먹는 수준이라고 주장한다. 이민 비용에 관해서는, 밀로즈와 타기에프 간에 이견이 분분하다. 밀로즈가 발간한 *Rapport Milloz. Le Coût de l'immigration* (Paris: Éd. Nationales, Centre d'Études et d'Argumentation, 1990). 그에 대한 반박으로 나온 Pierre-André Taguieff·Michèle Tribalat, *Face au Front national: Arguments pour une contre-offensive* (Paris: La Découverte, 1998). 또 이에 대한 재반박으로 나온 *L'Immigration, Rapport Milloz II: Réplique à Pierre-André Taguieff et à Michèle Tribalat* (Paris: Éd. Objectif France, 1999).

205) Front National, *300 mesures pour la renaissance de la France: Pro-*

gramme de Gouvernement (Paris: Éditions Nationales, 1993).

206) J.-M. Le Pen, *Les Français d'abord*, 121~122쪽.

207) 이미 언급했다시피 이 결정은 프랑스 내에서 이민 노동자와 그의 가족의 정주(定住)를 촉진시키는 의도하지 않은 결과를 가져왔다. Sophie Body-Gendrot, "Migration·the Racialization of the Postmodern City in France", Malcolm Cross·Michael Keith (ed.), *Racism, the City and the State* (London: Routledge, 1993), 81쪽.

208) 석유 파동으로 인한 경제 위기로 프랑스는 실업의 증가와 함께 이슬람 문화의 침투라는 이중의 '고역'을 치르게 된다. 즉, 오일 달러가 아랍 국가들에 밀려들면서, 이들은 프랑스 내에서 이슬람 사원이나 이슬람 문화 센터를 위한 토지 및 건물 구매에 열중했고, 그 결과 프랑스에는 현재 1,000여 개의 이슬람 사원과 600여 개의 이슬람 관련 조직이 존재하게 되었다. Malcolm Cross·Michael Keith (ed.), *Racism, the City and the State*, 82쪽.

209) *National Hebdo*, 1995년 2월 16~22일 자. H. G. Simmons, *The French National Front*, 143쪽에서 재인용.

210) C. Rodgers, "Le Front National", N. A. Addinall (ed.), *French Political Parties: A Documentary Guide* (Cardiff: University of Wales Press, 1995), 73~74쪽.

211) Edwy Plenel·Alain Rollat, *L'Effet Le Pen* (Paris: La Découverte, 1984), 129쪽.

212) C. Rodgers, "Le Front National", 75쪽.

213) *Libération*, 2004년 10월 12일 자. *Le Monde*, 2004년 10월 20일 자.

214) 2004년 10월 14일, 민족전선 지방위원회 Conseil Régional 회의에서 발언. *Libération*, 2004년 10월 16일 자.

215) H. G. Simmons, *The French National Front*, 160쪽.

216) C. Rodgers, "Le Front National", 69쪽.

217) *La Lutte contre le racisme et la xénophobie: 1992-Rapport de la*

Commission nationale consultative des droits de l'homme(Paris: La Documentation Française, 1993), 59~76쪽. J. Marcus, *The National Front and French Politics*, 95~96쪽에서 재인용. 민족전선 유권자는 일반 정당의 유권자보다 이민에 대해 훨씬 적대적이다. 메이어Mayer와 페리노Perrineau에 따르면, 1988년 대통령 선거에서 르 펜에게 투표한 사람의 75퍼센트가 프랑스에 너무 많은 이민이 있다고 생각했으며, 르 펜 유권자의 55퍼센트는 이슬람이 프랑스에 사원을 세우는 것을 용인해서는 안 된다고 생각했다. Nonna Mayer·Pascal Perrineau, "Why Do They Vote for Le Pen?", *European Journal of Political Research*, vol. 22, no. 1(1992년 7월), 131쪽.

218) '국가 인권자문위원회Commission nationale consultative des droits de l'homme'가 '인종주의와 외국인 혐오'에 대하여 2001년 3월에 발표한 보고서에 포함된 여론 조사. *Quotidien-Presse*, 2001년 3월 23일자, 1쪽.

219) H. G. Simmons, *The French National Front*, 143쪽.

220) 1993년의 의회 선거와 1995년 대통령 선거의 유권자 분포 지도를 보면, 가장 좋은 결과가 나온 지역은 남동쪽 해변 지역(피에누아르와 마그레브 이민의 분포가 매우 높은 지역), 파리 주변 지역, 북쪽과 동쪽의 산업 도시 지대였다. 농촌 지역인 서쪽과 중부에서는 지지율이 상대적으로 저조했다. 전반적으로, 도시민, 남성, 가톨릭 냉담자, 젊은 층, 소상인, 기술자, 젊은 실업자 및 상층 간부 등이 민족전선의 지지 기반이다. 노동 계급에 있어서도 민족전선은 이제 공산당보다 더 인기를 누리게 되었다. C. Rodgers, "Le Front National", 71쪽.

221) C. Rodgers, "Le Front National", 69쪽.

222) 사실 전통적 우파의 한 분파라고 할 수 있는 드 빌리에Philippe de Villier의 선거 공약과 민족전선의 공약은 상당 부분 유사하다. 그 결과 1994년 유럽의회 선거에서 민족전선 지지자가 드 빌리에에게 많이 잠식당하는 경우까지 생기게 되었다. 즉, 두 정당은 도덕적 가치와 가족의 가치를 옹호하고 프랑스의 위대함을 단언했을 뿐 아니라, 유럽으

로부터의 프랑스의 독립을 주장했다. 이 선거에서 드 빌리에는 12.33퍼센트를 획득했지만, 민족전선은 10.5퍼센트를 얻는 데 그쳤다. Pascal Perrineau, *Le Symptôme Le Pen: Radiographie des électeurs du Front National*(Paris: Fayard, 1997), 16쪽 표 참조.

223) Pascal Perrineau, *Le Symptôme Le Pen: Radiographie des électeurs du Front National*, 70쪽. 제5공화국 하에서 가장 인기가 있었던 극우파 지도자인 푸자드Pierre Poujade의 선거 명부도 1956년의 입법 선거에서 11.6퍼센트의 득표율을 기록했을 뿐이다. Pascal Perrineau, "Le Front National: 1972~1994", Michel Winock (s.d.), *Histoire de l'extrême droite en France*(Paris: Éd. du Seuil, 1994), 254쪽.

224) Michel Winock (s.d.), *Histoire de l'extrême droite en France*, 72쪽.

225) J. Marcus, *The National Front and French Politics*, 78쪽.

226) H. G. Simmons, *The French National Front*, 156쪽.

227) 에스파냐인, 포르투갈인, 정치적 난민, 그리고 망명 신청자들은 강제 귀국 조치에서 제외되었다. 특히 유럽계 이민을 제외한 것은 장차 이들이 유럽 경제 공동체로 통합될 것을 고려해서였다. Patrick Weil, "La Politique française d'immigration", *Pouvoirs*, n. 47 (1988), 56~57쪽.

228) H. G. Simmons, *The French National Front*, 156쪽.

229) Alain Bockel, *L'Immigration au pays des droits de l'homme* (Paris: Éd. Publisud, 1991), 76쪽.

230) H. G. Simmons, *The French National Front*, 158쪽.

231) J. Marcus, *The National Front and French Politics*, 78~79쪽.

232) H. G. Simmons, *The French National Front*, 158쪽.

233) *Le Monde*, 1984년 9월 7일 자. J. Marcus, *The National Front and French Politics*, 74쪽에서 재인용.

234) 외국인의 입국 및 체류 문제의 주무 부서인 내무부의 장관인 파스카Charles Pasqua의 이름을 딴, 1986년 9월 3일 법.

235) J. Marcus, *The National Front and French Politics*, 80~81쪽.
236) J. Marcus,, *The National Front and French Politics*, 82쪽.
237) J. Marcus, *The National Front and French Politics*, 83~84쪽.
238) A. Hochet, "L'Immigration dans le débat politique français de 1981 à 1988", *Pouvoirs*, n. 47(1988), 27~29쪽.
239) *Libération*, 1991년 6월 21일 자. J. Marcus, *The National Front and French Politics*, 93쪽에서 재인용.
240) *Le Monde* 인터뷰, 1993년 6월 2일 자. J. Marcus, *The National Front and French Politics*, 91쪽에서 재인용.
241) J. Marcus, *The National Front and French Politics*, 92쪽.
242) Loi 97-396 du 24 avril 1997: Loi dite loi Debré. 텍스트는 *Jounal Officiel*, Numéro 97, 1997년 4월 25일 자, 6,268쪽. http://www.legifrance.gouv.fr/html/frame·lois·reglt.htm참조.
243) J. Marcus, *The National Front and French Politics*, 92~93쪽.
244) C. Rodgers, "Le Front National", 72~73쪽.
245) 프랑스에서 다문화주의 multiculturalisme라는 용어는 1990년대 초까지 거의 일반화되지 않았다. *Le Petit Robert*나 *Le Grand Larousse* 같은 사전에는 1980년대에 이 용어가 등재되었으나, *Le Dictionnaire Bordas, Le Dictionnaire de notre temps, L'Encyclopédia Universalis* 등의 사전에서는 1990년대 중반까지도 이 용어를 발견할 수 없다. Michel Wieviorka, "Le Multiculturalisme: solution, ou formation d'un Problème?", Philippe Dewitte (s.d.), *Immigration et intégration: l'état des savoirs* (Paris: La Découverte, 1999), 418쪽.
246) 마르코 마르티니엘로, 《현대 사회와 다문화주의》, 윤진 옮김(한울, 2002), 30쪽.
247) 이민자들이 귀국하는 데 필요한 보조금 지급 정책은 실패로 끝났다. 1977년과 1981년 사이에 단지 6만여 명의 외국인만이 보조금을 받았으며, 그것도 대다수가 마그레브인이 아니라 유럽인인 포르투갈인과 에스파냐인이었다. Coralie Febvre, "Comment peut-on être arabe

en France?", *L'Histoire*, n. 272(2003년 1월), 72쪽.

248) Coralie Febvre, "Comment peut-on être arabe en France?", 72쪽.

249) Ralph Schor, *Histoire de l'immigration en France: de la fin du XXI e siècle à nos jours*, 271쪽.

250) Bichara Khader, *Le Grand Maghreb et l'Europe: enjeux et perspectives*(Paris: Publisud, 1992), 220쪽.

251) 1976년 법령에 따르면 다음의 경우는 가족 재결합에서 제외되었다. ① 정상적인 상태에서 프랑스에 1년 이상 체류하지 않은 경우, ② 가족을 부양하는 데 충분한 수입이 없는 경우, ③ 적절한 거주지가 없는 경우 등이 이에 해당했다. Bichara Khader, *Le Grand Maghreb et l'Europe: enjeux et perspectives*, 221쪽.

252) 마르코 마르티니엘로,《현대 사회와 다문화주의》, 32~33쪽.

253) 아랍어 사용을 포기하는 것도 그 한 예다. Jocelyne Cesari, "Islam in France: The Shaping of a Religious Minority", Yvonne Yazbeck Haddad (ed.), *Muslims in the West from Sojourners to Citizens* (Oxford: Oxford University Press, 2002), 41쪽.

254) *Quotidien-Presse*, 2001년 3월 23일 자, 1쪽.

255) Jocelyne Cesari, "Islam in France: The Shaping of a Religious Minority", 36쪽.

256) Jocelyne Cesari, "Islam in France: The Shaping of a Religious Minority", 37쪽.

257) Jocelyne Cesari, "Islam in France: The Shaping of a Religious Minority", 36쪽. 통계에 따라 400만에서 500만으로 유동적이다. Jocelyne Cesari, *L'islam à l'épreuve de l'occident*, 266쪽 참고.

258) 이들은 새로운 무슬림 new Muslims으로 지칭된다. Jocelyne Cesari, "Islam in France: The Shaping of a Religious Minority", 37쪽.

259) 예를 들어, 같은 무슬림이라도 민족에 따라 서로 다른 이슬람 사원을 설립, 운영한다. 북아프리카인을 위한 이슬람 사원, 터키인을 위한

이슬람 사원 등이 그것이다. 이 같은 민족에 따른 무슬림의 분화는 이슬람이 프랑스에서 단일한 종교로 자리매김하는 데 커다란 장애물이 된다. Jocelyne Cesari, "Islam in France: The Shaping of a Religious Minority", 39쪽.

260) Jocelyne Cesari, "Islam in France: The Shaping of a Religious Minority", 38쪽.

261) 이처럼 제2차 세계대전 이전의 이민과 이후의 이민을 확연히 구분하는 요인이 식민지 경험의 유무라고 주장하는 학자들이 있다. 즉, 이들은 문화적 유사성이나 차이보다 식민지 경험의 유무가 유럽계 이민과 비유럽계 이민의 성격을 규정하는 데 더 결정적인 요소라고 본다. E. Balibar, "Sujets ou citoyens", *Les Temps Modernes: L'Immigration maghrébine en France. Les faits et les mythes*, n.452-453-454 (1984년 3~5월), 1,741쪽; F. Dubet, *Immigrations: qu'en savons-nous? Un Bilan des connaissances, Notes et Études Documentaires 4887* (Paris: La Documentation Française, 1989), 70~71쪽.

262) Jocelyne Cesari, "Islam in France: The Shaping of a Religious Minority", 36쪽.

263) 실버맨은 이민 2세대를 가리켜 유목민과 정착민 사이의 불안정한 지위라고 표현한다. Maxim Silverman, *Deconstructing the Nation: Immigration, Racism and Citizenship in Modern France*, 109쪽.

264) Jocelyne Cesari, "Islam in France: The Shaping of a Religious Minority", 39~40쪽.

265) Jocelyne Cesari, *Musulmans et républicains: Les Jeunes, l'Islam et la France*, 11쪽.

266) Jocelyne Cesari, "Islam in France: The Shaping of a Religious Minority", 40쪽.

267) Jocelyne Cesari, "La Guerre du Golfe et les arabes de France", *Revue du monde Musulman et de la Méditerranée*, n. hors série(1991), 125~129쪽. 이는 이후 팔레스타인, 보스니아, 코소보 전투

등에서도 나타난다.

268) 총리인 로카르와 내무부 장관인 족스Pierre Joxe는 1990년 1월에 "프랑스가 세상의 모든 빈자(貧者)를 다 받아들일 수는 없다"라고 선언한 바 있다. 이는 미테랑 대통령이 1989년 12월에 "1970년대에 프랑스의 수용 가능한 이민자 수가 한계에 달했다"라고 선언한 것과 같은 맥락이다. Maxim Silverman, *Deconstructing the Nation: Immigration, Racism and Citizenship in Modern France*, 95~96쪽.

269) 통합은 여러 면에서 모호한 개념이다. 그렇지만 대부분은 동화assimilation의 완곡 어법에 불과하다. 좌파 일부만 편입과 유사한 용어로 사용한다. Alec G. Hargreaves, *Immigration, Race and Ethnicity in Contemporary France* (London·New York: Routledge, 1995), 196쪽.

270) Alec G. Hargreaves, *Immigration, Race and Ethnicity in Contemporary France*, 196~197쪽.

271) 비비오르카Michel Wieviorka는 다문화주의를 캐나다, 오스트레일리아, 스웨덴 등이 채택한 '통합 다문화주의multiculturalisme intégré'와 미국의 '분열 다문화주의multiculturalisme éclaté'로 구분한다. Michel Wieviorka, *La Différence* (Paris: Éds. Balland, 2000), 84~91쪽.

272) 마르코 마르티니엘로, 《현대 사회와 다문화주의》, 68~72쪽.

273) 마르코 마르티니엘로, 《현대 사회와 다문화주의》, 18~19쪽.

274) 마르코 마르티니엘로, 《현대 사회와 다문화주의》, 60~61쪽.

275) 켈트족 중 프랑스 영토에 정착하고 살던 사람. 일반적으로 골족 혹은 갈리아인으로 많이 알려져 있다.

276) 마르코 마르티니엘로, 《현대 사회와 다문화주의》, 73~74쪽.

277) 마르코 마르티니엘로, 《현대 사회와 다문화주의》, 77쪽.

278) 마르코 마르티니엘로, 《현대 사회와 다문화주의》, 82~83쪽.

279) 1989년에 프랑스의 저명한 학자이자 국적법위원회 위원인 슈나페르Dominique Schnapper 여사는 프랑스의 동화주의적 전통과 앵글로색슨 국가들의 다문화주의 전통을 비교하는 데 있어 게토화를 예

로 들었다. "프랑스에서는 지방 의회가 단일한 민족 그룹만이 특정 지역에 거주하지 않도록 주의한다. 여러 국적 출신자들이 함께 사는 지역에 프랑스인들도 함께 거주한다. 프랑스에는 영국이나 미국적 의미의 게토 현상은 없다." *Le Nouvel Observateur*, 1989년 11월 23일 자.

280) 마르코 마르티니엘로, 《현대 사회와 다문화주의》, 83~84쪽.

281) 이러한 종류의 실험은 1973년 포르투갈 이민자 자녀들을 대상으로 처음 시도되었으며, 그 후 다른 민족으로 확대되었다. 예를 들면, 알제리, 에스파냐, 이탈리아, 모로코, 튀니지, 터키, 유고슬라비아 등이 그들이다. Patrick Weil, *La France et ses étrangers: L'aventure d'une politique de l'immigration 1938~1991* (Paris: Calmann-Lévy, 1991), 245~246쪽.

282) Alec G. Hargreaves, *Immigration, Race and Ethnicity in Contemporary France*, 101쪽.

283) Alec G. Hargreaves, *Immigration, Race and Ethnicity in Contemporary France*, 101쪽, 204쪽.

284) Patrick Weil, *La France et ses étrangers: L'aventure d'une politique de l'immigration 1938~1991*, 247쪽.

285) Gilles Kepel, *Les Banlieues de l'Islam* (Paris: Éd. du Seuil, 1987), 100쪽.

286) 1905년 12월 9일의 정교 분리법 제2조에 "공화국은 어떠한 종교도 인정하거나 재정 지원하지 않는다"라고 되어 있다.

287) 이 기구는 디주Paul Dijoud 장관이 설립했다. Patrick Weil, *La France et ses étrangers*, 248쪽.

288) Alec G. Hargreaves, *Immigration, Race and Ethnicity in Contemporary France: L'aventure d'une politique de l'immigration 1938~1991*, 193~194쪽.

289) Patrick Weil, *La France et ses étrangers: L'aventure d'une politique de l'immigration 1938~1991*, 246쪽.

290) 마르코 마르티니엘로, 《현대 사회와 다문화주의》, 80쪽.

291) 마르코 마르티니엘로,《현대 사회와 다문화주의》, 80쪽.

292) 최욱,〈프랑스의 아랍-무슬림 이민 통합 문제: 북아프리카 이민을 중심으로〉, 한국외대 유럽연합지역학과 석사학위 논문(2000), 86쪽.

293) 마르코 마르티니엘로,《현대 사회와 다문화주의》, 114~115쪽. 실버맨의 주장은 이러한 점을 보완한다. "문화적으로 말해서, 프랑스는 스칸디나비아나 영국보다는 마그레브 국가와 훨씬 더 많은 공통점을 가지고 있다." M. Silverman, *Deconstructing the Nation: Immigration, Racism and Citizenship in Modern France*, 106~107쪽.

294) 조홍식,《똑같은 것은 싫다》(창작과비평사, 2000), 263~264쪽.

295) Françoise Gaspard·Farhad Khosrokhavar, *Le Foulard et la République*, 21쪽.

296) 1905년의 정교 분리 원칙의 수정 문제에 대한 논란이 뜨겁다. *Le Figaro Magazine*, 2004년 10월 23일 자.

297) 제5공화국 헌법 전문의 일부.

298) 그는 낭트의 한 상업전문학교École supérieure de commerce인 오당시아Audencia의 학장이었다. *Le Monde*, 2004년 1월 10일 자.

299) 프랑스에는 현재 파리, 망트라졸리, 에브리, 릴, 리옹 5개 지역에만 대규모 이슬람 사원이 건립되어 있다. 시장들은 이슬람 사원 건설을 위한 무슬림의 청원을 대부분 무시한다. Jocelyne Cesari, "Islam in France: The Shaping of a Religious Minority", 36쪽.

300) Alec G. Hargreaves, *Immigration, Race and Ethnicity in Contemporary France*, 206쪽.

301) *Le Figaro Magazine*, 2004년 10월 23일 자. 이슬람의 통합에 적극적인 사르코지의 이러한 생각은 우파 내에서도 많은 반대에 부딪히고 있다. 반대자들은 그의 주장에 대해 "이슬람만을 통합의 대상으로 생각하는 것은 잘못이다", "그의 생각은 매우 공동체주의적이다"라고 비판한다. 심지어 "종교 문제를 정치 문제의 중심에 놓는 것은 미국의 영향을 받은 것이고, 이는 프랑스 상황에는 전혀 맞지 않는 일이다"라는 (에브리 시의 사회당 의원이자 시장인 발Manuel Valls의) 발언도 나오고 있

다. *Libération*, 2004년 11월 4일 자.

302) 이뿐만 아니라 1980년대 초, 무슬림 이민자들이 이슬람 사원을 짓고자 하고, 이슬람식 정육점의 문을 열었을 때, 또 묘지에서 무슬림 집단을 위한 땅을 요구했을 때도, 학자들을 포함한 다수의 프랑스인들은 '이슬람의 귀환'을 두려워했다. Jocelyne Cesari, "Islam in France: The Shaping of a Religious Minority", 37쪽.

303) 알제리 독립 후 프랑스로 돌아온 알제리 거주 프랑스인.

304) 알제리 전쟁 당시 프랑스를 위해 싸웠던 알제리인들.

305) M. Silverman, *Deconstructing the Nation: Immigration, Racism and Citizenship in Modern France*, 37쪽.

306) *Le Figaro Magazine*, 2004년 10월 2일 자, 44쪽.

더 읽어야 할 자료들

김용우, 〈프랑스-"프랑스를 프랑스인들에게"〉,《역사비평》, 27집 (1994년 겨울)

프랑스의 대표적 극우 정파인 민족전선과 극우 지식인들의 연구 단체인 '유럽 문명 조사 및 연구 그룹'을 국내에 처음으로 소개한 논문이다. 두 단체의 이데올로기와 전략 등을 이민 및 인종 문제와 관련하여 서술하고 있다.

박단, 〈프랑스 이민사 개관〉,《서양사론》64집 (2000년 3월)

19세기 말부터 대규모로 진행된 프랑스의 이민에 관한 역사를 개괄한 논문이다. 프랑스에서 이민사가 본격적으로 연구되기 시작한 시점이 무슬림 이민의 정착 및 극우 정파의 활동과 연관이 깊다는 연구사적 배경을 설명하고, 프랑스 이민사에 대한 연구 동향도 비교적 상세히 소개하고 있다.

백인호,《창과 십자가: 프랑스 혁명과 종교》(소나무, 2004)

국내 학자가 쓴 매우 드문 프랑스 종교사 관련 저술로, 이 책을 통해 본서의 한 축을 이루고 있는 프랑스에서의 정교 분리 원칙과 비기독교회의 기원을 이해할 수 있을 것이다.

서울대학교 불어문화권연구소, 《프랑스 하나 그리고 여럿》(강, 2004)

프랑스에서 서로 다른 문화들이 어떻게 공존을 모색하고 발전해 왔는지를 다양한 각도에서 조명했다. 특히 본서와 관련되는 부분은 〈라이시테〉, 〈이민자〉 등의 항목으로, 히잡 사건에 대해서도 비교적 상세한 설명을 곁들이고 있다.

신행선, 〈르낭의 '인종'과 인종주의〉, 《서양사론》 73집(2002년 6월)
《민족이란 무엇인가》로 우리에게 잘 알려진 르낭의 인종 개념이 오늘날 프랑스의 극우 지식인들이 주장하는 문화적 인종주의와 연관된다는 사실을 입증한 논문이다. 특히 이 글은 르낭의 무슬림에 대한 인종 차별이 이슬람이라는 종교와 아랍어라는 언어에 대한 편견에 기반을 두고 있음을 잘 보여주고 있다.

조홍식, 《똑같은 것은 싫다》(창작과비평사, 2000)
중학교는 가봉의 프랑스계 학교를 다니고 고등학교부터 박사 과정까지는 프랑스에서 공부한 조홍식 교수가 들려주는 생생한 프랑스 문화 이야기다. 특히 본서와 관련된 부분은 제5장의 〈이민자도 프랑스인이 되어야 한다〉, 〈경제 위기와 이민자의 생활〉 등으로, 프랑스의 다양한 문화를 쉬우면서도 설득력 있게 설명하고 있다.

한국서양사학회 엮음, 《서양 문명과 인종주의》(지식산업사, 2002)
이 책은 한국서양사학회가 주최한 '서양 문명과 인종주의'라는 학술 대회의 결과물이다. 고대로부터 현대까지의 인종 문제를 다룬

이 연구들은 대체로 서양 문명에 내재되어 있는 인종에 대한 편견과 차별 의식을 강조하고 있다.

황혜성, 〈인종주의〉, 김영한 엮음《서양의 지적 운동 I》(지식산업사, 1998)

고대로부터 존재해온 인종에 대한 담론이 19세기에 인종주의라는 이념형으로 발전하는 과정을 역사적 맥락에서 추적한 글로서 20세기에 전 유럽을 재앙으로 몰고 간 생물학적 인종주의에 대한 역사적 배경을 잘 보여준다.

다니엘 메예 외,《프랑스 학교》, 김경랑 옮김(창해 ABC북, 2000)

공화국과 학교 사이의 관계에 초점을 맞추고 이와 관련된 다양한 항목을 사전식으로 편찬한 책이다. 본서에서 다루고 있는 학교와 공화국의 관계에 대한 기본적인 사실을 이해하는 데 많은 도움을 줄 수 있다.

마르코 마르티니엘로,《현대 사회와 다문화주의: 다르게, 평등하게 살기》, 윤진 옮김(한울, 2002)

이 책은 다문화주의를 그 정의에서부터 장단점까지 적절한 사례를 들어가면서 이해하기 쉽게 설명하고 있다. 특히 프랑스식 동화주의 모델과 영미 계통의 다원주의 모델의 한계와 대안을 제시하고 있다는 점에서 주목할 만하다.

마리 클로드 쇼도느레 외, 《공화국과 시민》, 이영목 옮김(창해 ABC 북, 2000)

프랑스에서 공화국이 탄생한 프랑스 혁명기부터 현재까지의 공화국과 시민에 관련된 다양한 항목을 사전식으로 엮은 책이다. 본서에서 다루고 있는 공립학교와 세속성(라이시테)의 문제를 자세히 설명하고 있을 뿐만 아니라 프랑스 공화국의 역사를 전체적으로 쉽게 풀어 쓰고 있다.

새뮤얼 헌팅턴, 《문명의 충돌》, 이희재 옮김(김영사, 1996)

너무나 유명한 헌팅턴의 대표적인 저서다. 본서와 관련해서는 특히 이민 항목이나 이슬람과 관련된 부분도 중요하지만, 21세기가 문명 간 갈등의 시기가 될 것이라고 지적했다는 점에서 주목할 만하다.

엠마뉘엘 토드, 《유럽의 발견》, 김경근 옮김(까치, 1997)

《이민자의 운명》(1994)을 쓴 토드가 가족과 역사를 접목해 새로이 쓴 유럽의 역사다. 이 책의 결론 부분에 해당하는 〈유럽인과 이민자들〉은 이민에 대한 유럽인들의 상이한 태도를 분석한 것으로, 본서를 거시적으로 이해하는 데 많은 도움을 줄 것이다.

타하르 벤 젤룬, 《인종 차별, 야만의 색깔들》, 홍세화 옮김(상형문자, 2004)

'내 딸에게 설명한 인종주의'라는 원제에서 알 수 있듯이 프랑스의 대표적 출판사인 쇠유Seuil가 다양한 주제를 대중에게 쉽게 설명하기 위해 낸 문고 시리즈에 속해 있는 책이다. 초등학교 저학년인 딸과 대화하는 형식을 빌려 인종주의에 대해 용어 하나까지도 상세하고 알기 쉽게 설명한다.

프랑스의 문화전쟁 — 공화국과 이슬람

초판 1쇄 발행 2005년 4월 30일
개정 1판 1쇄 발행 2022년 9월 28일
개정 1판 4쇄 발행 2024년 7월 19일

지은이 박단

펴낸이 김준성
펴낸곳 책세상
등록 1975년 5월 21일 제2017-000226호
주소 서울시 마포구 동교로23길 27, 3층 (03992)
전화 02-704-1251
팩스 02-719-1258
이메일 editor@chaeksesang.com
광고·제휴 문의 creator@chaeksesang.com
홈페이지 chaeksesang.com
페이스북 /chaeksesang   **트위터** @chaeksesang
인스타그램 @chaeksesang   **네이버포스트** bkworldpub

ISBN 979-11-5931-781-1 04080
         979-11-5931-400-1 (세트)

* 잘못되거나 파손된 책은 구입하신 서점에서 교환해드립니다.
* 책값은 뒤표지에 있습니다.